ARABISCHER GENTLEMAN

MEISTERE ELEGANZ UND ERFOLG

mit alten Werten in der modernen Welt

SELBSTHILFE FÜR SIEGER

Entdecke, wie du mit traditionellen Tugenden ein moderner, respektierter und begehrter Partner wirst

Sisi Star*K*light

Copyright © 2024

Alle Rechte vorbehalten

„Ein Gentleman ist der, der in der modernen Welt erfolgreich ist, ohne seine traditionellen Werte zu kompromittieren."

König Salman bin Abdulaziz Al Saud

INHALTSVERZEICHNIS

EINLEITUNG

Arabischer Gentleman: Der Weg zu wahrem Respekt, Eleganz und Integrität   1

KAPITEL 1: Was macht einen echten Gentleman aus?
Die Grundlagen der Gentleman-Ethik   5

1.1 Der Wert der Selbstreflexion: Dein Weg zum respektierten Partner   12

1.2 Praktische Tipps und Übungen: Selbstpflege und Balance – Der Weg des arabischen Gentlemans   18

1.3 Selbstpflege als Gentleman – Dein Weg zur Balance mit Stil und Auftreten   22

KAPITEL 2: Ehre und Verantwortung im täglichen Leben: Dein Weg zu mehr Respekt und Erfolg   30

2.1 Der arabische Gentleman und die Verantwortung in der Familie   34

2.2 Der arabische Gentleman: Verantwortung als Schlüssel zu erfüllten Beziehungen und persönlichem Erfolg   36

2.3 Praktische Tipps für mehr Verantwortung, Respekt und Erfolg – Sofort umsetzbar für ein erfülltes Leben im Privatleben ... 40

2.4 Fürsorge und Vertrauen: Dein Weg zu tiefgründigen Beziehungen im arabischen Kontext. ... 62

KAPITEL 3: Frauen bewundern ihn, Männer respektieren ihn: Werde zum modernen Gentleman! ... 73

3.1 Das arabische Erbe und die Bedeutung von Weisheit und Verantwortung ... 74

3.2 Warum arabische Gentlemen in der modernen Welt glänzen: Dein Weg zu Respekt, Erfolg und Anerkennung ... 85

3.3 Warum Frauen diese Werte lieben: Die emotionale Tiefe verstehen ... 96

KAPITEL 4: Der Gentleman in der Partnerschaft: Die Kunst, Herz und Verstand zu vereinen ... 110

4.1 Authentische Beziehungen aufbauen: Die Rolle des Gentlemans – Ein neuer Blick ... 115

4.2 Warum der wahre arabische Gentleman die Bedeutung der Frau als gleichwertige Partnerin versteht   112

4.3 Romantische Gesten: Die Geheimnisse des arabischen Gentlemans, die Liebe und Respekt zeigen   128

KAPITEL 5: Integrität im Beruf und im öffentlichen Leben: Deine Reise zur wahren Größe   132

5.1 Der arabische Gentleman als Führungskraft: Deine Reise zu wahrer Führung im Beruf und in der Gesellschaft   136

5.2 Entfalte deine wahre Stärke als arabischer Mann – mit Integrität, Respekt und Führungskompetenz.   139

5.3 Warum Integrität und Respekt der Schlüssel zu deinem Erfolg sind – für arabische Männer und Frauen   145

KAPITEL 6: Der Gentleman im digitalen Zeitalter: Werte, die Bestand haben   150

6.1 Traditionelle Werte im digitalen Zeitalter: Respekt und Verantwortung im Netz   156

6.2 Beginne noch heute mit deiner Transformation als arabischer Gentleman!   166

6.3 Social Proof: Warum der Gentleman – Stil in sozialen Medien besonders in der arabischen Welt glänzt   175

KAPITEL 7: Charmant und respektvoll flirten: Deine neue Art, echte Verbindungen zu schaffen   181

7.1 Charmant flirten – die Kunst, Respekt echte zu schaffen
                                                                  190

7.2 Praktische Tipps für charmantes Flirten mit Stil – Weisheiten und Beispiele von berühmten arabischen Persönlichkeiten   201

7.3 Der arabische Gentleman: Mit Respekt, Charme und Stil Beziehungen meistern   211

KAPITEL 8: Die Bedeutung des äußeren Erscheinungsbildes – Mehr als nur ein erster Eindruck   219

8.1 Der arabische Gentleman und sein stilvolles Auftreten: Vom traditionellen bis zum modernen Look.   228

8.2 Verändere deinen Auftritt – gewinne Respekt und Bewunderung in nur 10 Minuten täglich   235

8.3 Hygiene und Haltung: Wie du als Gentleman durch dein Äußeres Respekt und Eleganz ausstrahlst.   240

KAPITEL 9: Emotionale Tiefe und Respekt in der Kommunikation: So wirst du gehört und geschätzt 252

9.1 Die arabische Kunst der Kommunikation: Wie du als Gentleman das Gespräch führst und Respekt zeigst 265

9.2 Die Kunst des respektvollen Zuhörens und der positiven Kommunikation: Deine Chance für echte Veränderung
271

9.3 Warum emotionale Tiefe und Respekt in der Kommunikation unverzichtbar sind. 276

KAPITEL 10: Der Weg zu einem erfüllten Leben als Gentleman: Dein exklusiver Zugang zu den besten Kommunikationsstrategien 281

10.1 Deine Reise: Traditionelle Werte im Alltag anwenden
283

10.2 Schritt für Schritt: Vom ersten Schritt zum echten Gentleman 286

10.3 Motivation: Wie du in einer hektischen Welt dein Gentleman – Sein bewahrst 292

SCHLUSSWORT

- Der arabische Gentleman in der modernen Welt: Verantwortung übernehmen, wahre Verbindungen schaffen und Vorbild sein　296

- Zukunftsvision: Die Rückkehr echter Werte in einer modernen Welt und wie der arabische Gentleman dabei eine führende Rolle spielt　302

ANHANG

20 Praktische Übungen für die perfekte Beziehung: Sofort umsetzbare Tipps, die dein Leben verändern　309

Reflexions-Checkliste: So wirst du im Alltag ein arabischer Gentleman　315

SELBST-TEST: Wie viel arabischer Gentleman steckt in dir?"　319

Die Geheimnisse des Erfolgs: Wie du von den größten arabischen Führern lernst　324

EINLEITUNG

Arabischer Gentleman: Der Weg zu wahrem Respekt, Eleganz und Integrität

"Respekt für sich selbst ist der erste Schritt, um anderen Respekt zu zollen." – **König Abdullah II**, Saudi Arabia

Stell dir vor, du wirst der Mann oder die Frau, dem jeder mit **Respekt** begegnet, dessen Haltung in jeder Situation **Vertrauen** und **Anerkennung** schafft. In einer Welt, die oft von Oberflächlichkeiten und schnellen Ergebnissen geprägt ist, sehnst du dich nach tiefgründigen Beziehungen, **authentischem Respekt** und einer festen **Verantwortung**. Eine Welt, in der Werte wie **Ehre**, **Verantwortung** und **emotionale Intelligenz** die Grundlage für tiefere und erfüllende Beziehungen bilden.

Klingt das nach der Welt, in der du leben möchtest?

Genau darum geht es in diesem Buch. Es ist kein Leitfaden für leere Theorien oder Ratschläge, die du nicht umsetzen kannst. Es zeigt dir, wie du heute als moderner Gentleman glänzen kannst – im privaten Leben, im Beruf und in deiner sozialen Umgebung. Wie du mit den klassischen Werten eines Gentlemans zu einem begehrten, respektierten Partner wirst, der in jeder Situation überzeugt. Gerade in der heutigen Zeit, in der traditionelle Werte oft als überholt gelten, wirst du lernen, wie du durch die Prinzipien eines Gentlemans die Herausforderungen des modernen Lebens mit Stil und Integrität meisterst.

Warum solltest du dieses Buch lesen?

Egal, ob du ein Mann bist, der **traditionelle Werte** in seinem Alltag integrieren möchte, oder eine Frau, die den **Wert** dieser Prinzipien zu schätzen weiß: Dieses Buch bietet dir **praktische, sofort umsetzbare Tipps**. Du wirst erfahren, wie du deine **Beziehungen vertiefen** kannst – sei es zu deinem Partner, in deinem Freundeskreis oder im Berufsleben. In einer Welt, die oft schnelle Ergebnisse verlangt, geht es hier nicht nur um höfliches Verhalten, sondern um eine **tiefe Verbindung** – zu dir selbst und den Menschen um dich herum. **Diese Prinzipien** werden dir helfen, in einer **schnelllebigen und oft oberflächlichen Gesellschaft** den richtigen Weg zu finden, um respektvoll und authentisch zu leben.

Für Männer:

In einer Welt, die oft schnelle Ergebnisse erwartet, bieten wahre Gentleman-Tugenden **Beständigkeit** und **Tiefe**. Du wirst lernen, wie du **Verantwortung** übernimmst, mit

Empathie führst und deinen Wert als Partner und Mensch steigern kannst – und das alles mit **Stil** und ohne aufdringlich zu sein. **Das Beste daran?** Diese Werte machen dich nicht nur zu einem besseren Mann, sondern auch zu einem **begehrten und respektierten Partner**. Du wirst verstehen, wie du durch **Respekt**, **Höflichkeit** und eine klare **Wertvorstellung** in einer Welt, die oft nach schnellen, oberflächlichen Erfolgen strebt, **auf Dauer glänzen** kannst.

Für Frauen:

Die Prinzipien eines echten Gentlemans sind mehr als nur charmante Gesten. Sie bilden eine solide Basis für tiefgründige, vertrauensvolle Beziehungen. **Dieses Buch zeigt dir**, warum Frauen diese Werte so schätzen und wie sie in der modernen Welt immer noch von **großer Bedeutung** sind. Es geht darum, wie ein Mann durch wahre **Fürsorge**, **Respekt** und **emotionale Intelligenz** zu einem Partner wird, mit dem du eine **echte Verbindung** aufbauen kannst – in einer Zeit, in der viele Beziehungen durch oberflächliche Kommunikation und schnelle Urteile belastet werden.

Was erwartet dich in diesem Buch?

Praktische Übungen und **Checklisten**, die dir helfen, **Haltung**, **Eleganz** und **Integrität** im täglichen arabischen Leben zu stärken und sie in der heutigen Welt erfolgreich umzusetzen.

Klare, direkte Empfehlungen, ohne unnötige Theorie – präzise und **effektiv**, speziell angepasst auf die Herausforderungen der modernen Welt.

Emotional ansprechende und **motivierende** Inhalte, die dir helfen, klassische Werte wie **Respekt, Höflichkeit** und **Verantwortung** in dein Leben zu integrieren und somit deine Beziehungen zu vertiefen – egal, ob in der Familie, im Freundeskreis oder im Beruf.

Humorvolle, aber respektvolle Sprache, die dir hilft, in jeder Situation als **arabischer Gentleman** zu glänzen – von der **Familie** bis zum **sozialen Umfeld**, und dabei das **Ansehen** zu gewinnen, das du verdienst.

Dieses Buch hilft dir, nicht nur als Gentleman zu glänzen, sondern auch als der Mensch, der in allen Bereichen seines Lebens durch seine **Charakterstärke, Haltung** und **Wertvorstellungen** heraussticht. Es zeigt dir, wie du in einer Welt, die oft schnelle Ergebnisse erwartet und von Oberflächlichkeiten geprägt ist, durch **Beständigkeit und Tiefe** bleibst und so nicht nur als Partner, sondern auch als Mensch von vielen geschätzt wirst.

„Wahre Stärke zeigt sich nicht in der Beherrschung von anderen, sondern in der Beherrschung von sich selbst." **Al-Farabi**

(Philosoph und Gelehrter aus der arabischen Welt)

KAPITEL 1: Was macht einen echten Gentleman aus? Die Grundlagen der Gentleman-Ethik

Ein echter Gentleman ist nicht nur ein Mann mit einem eleganten Anzug und höflichen Manieren. Er ist jemand, der Werte lebt – Werte wie Respekt, Verantwortung und Fürsorglichkeit. Diese Prinzipien sind nicht nur ein Weg, sich selbst zu ehren, sondern auch, die Menschen um dich herum zu inspirieren und zu respektieren. Doch was bedeutet das konkret für dich im Alltag? Und warum ist es heute wichtiger denn je, diese Prinzipien zu leben – für dich selbst, aber auch für die Beziehungen, die du pflegen möchtest?

„Ein Gentleman spricht immer mit Respekt und behandelt alle mit Höflichkeit, unabhängig von ihrem Stand." – **Prince Alwaleed Bin Talal**, *Saudi-Arabischer Unternehmer und Philanthrop*

1. Respekt vor sich selbst und anderen

„Der wahre Mann ist der, der seine Verantwortung erkennt und sie mit Würde trägt." – **Imam Ali ibn Abi Talib**, *Saudi-Arabien*

Ein Gentleman weiß, dass wahre Stärke in der Fähigkeit liegt, andere zu respektieren – unabhängig von ihrem Status, ihrer Herkunft oder ihrer Meinung. Er hört zu, ohne zu unterbrechen, und achtet darauf, wie er sich ausdrückt. Respekt ist keine Schwäche, sondern die Grundlage jeder tiefgründigen Beziehung. Und dieser Respekt beginnt bei dir selbst. Denn nur wer sich selbst respektiert, kann auch anderen echten Respekt entgegenbringen.

2. Verantwortung übernehmen

„Der Gentleman ist der, der das Wohl anderer vor sein eigenes stellt." – **King Abdullah bin Abdulaziz Al Saud**

(Früherer König von Saudi-Arabien)

Ob im Beruf, in der Familie oder in der Partnerschaft – ein Gentleman übernimmt Verantwortung. Er scheut sich nicht davor, Fehler einzugestehen und Lösungen zu finden. Er versteht, dass wahre Männlichkeit nicht im Überlegen-sein liegt, sondern im Eingestehen von Schwächen und der Bereitschaft, Verantwortung zu tragen. Und auch für Frauen gilt: Verantwortung zu übernehmen bedeutet, Einfluss zu haben, Veränderungen herbeizuführen und als respektierte Führungspersönlichkeit wahrgenommen zu werden.

3. Fürsorge und Empathie

„Fürsorge ist nicht nur ein Akt der Liebe, sondern ein Zeichen wahrer Stärke." – **Scheich Mohammed bin Rashid Al Maktoum, VAE**

Ein Gentleman zeigt, dass er sich kümmert – nicht nur um sich selbst, sondern auch um die Menschen, die ihm wichtig sind. Echte Fürsorge bedeutet, nicht nur zu geben, sondern auch zu verstehen, was der andere braucht, ohne dass es ausgesprochen werden muss. Es ist die Fähigkeit, Emotionen zu erkennen und darauf einzugehen, mit einer Prise Humor, aber immer respektvoll.

4. Authentizität statt Maske

„Authentizität ist der wahre Maßstab eines Mannes. Wer sich selbst treu bleibt, der wird Respekt und Vertrauen gewinnen." – **König Abdullah II. von Jordanien**

Kein Gentleman handelt, nur um sich Eindruck zu verschaffen. Er ist authentisch. Er zeigt sich, wie er wirklich ist, ohne zu versuchen, sich zu verstellen oder eine Rolle zu spielen. Diese Echtheit zieht an – sie gibt dir das Gefühl, mit jemandem zu tun zu haben, dem du vertrauen kannst. Authentizität zieht nicht nur Männer an, sondern auch Frauen, die jemanden suchen, der zu seinen Prinzipien steht und sich nicht verstellt.

5. Stil und Haltung

„Stil ist nicht nur, was du trägst, sondern wie du dich in der Welt bewegst." – **Scheich Mohammed bin Rashid Al Maktoum**, *VAE*

Es geht nicht nur um teure Kleidung, sondern um die Art und Weise, wie du dich präsentierst. Ein Gentleman trägt Stil mit Selbstbewusstsein, ohne aufdringlich zu wirken. Dein Erscheinungsbild ist der erste Eindruck, den du hinterlässt – und ein Gentleman sorgt dafür, dass dieser Eindruck immer der richtige ist. Dieser Stil ist für dich, aber auch für die Menschen um dich herum ein Ausdruck von Respekt und Würde. Und auch für Frauen gilt: Der wahre Stil kommt von innen.

„Zeige Dankbarkeit nicht nur in deinen Worten, sondern in deinen Taten, damit sie einen bleibenden Wert hat." – **Sheikh Mohammed bin Saleh Al-Othaimeen** *(Gelehrter), Saudi-Arabien*

6. Dankbarkeit und Höflichkeit

Die kleinen Dinge im Leben sind oft die größten. Ein Gentleman sagt „Danke", öffnet Türen und zeigt Anerkennung. Diese kleinen Gesten machen den Unterschied und sind heute so selten wie wertvoll. Dankbarkeit ist nicht nur eine

Geste, sondern eine Haltung, die tief in dir verwurzelt ist und dich als respektierte und begehrte Persönlichkeit auszeichnet.

„Ein höfliches Wort kann Brücken bauen, die kein Reichtum der Welt errichten kann." – **Sheikh Zayed bin Sultan Al Nahyan** *(Gründer der VAE)*

Ein echter Gentleman ist nicht perfekt, aber er strebt nach Perfektion in seinen Beziehungen, seiner Arbeit und seinem Leben. Er lebt Werte, die nie alt werden – und zeigt der Welt, dass wahre Stärke in Respekt, Verantwortung und Empathie liegt. Und das macht ihn nicht nur zu einem besseren Mann, sondern zu einem begehrten, respektierten Partner.

„Wer sich selbst beherrscht, beherrscht die Welt." – **Muhammad**, *Saudi-Arabien*

Willst du wissen, wie du diese Prinzipien jetzt sofort in deinem Leben umsetzen kannst?

Lies weiter und finde heraus, wie du als Gentleman in der modernen Welt nicht nur überlebst – sondern **glänzt**. *Der Weg zu einem respektierten und begehrten Partner beginnt jetzt.* **Fange heute an, diese Prinzipien zu leben.**

Praktische Schritte, um als Gentleman zu glänzen

Zeige Respekt – Täglich und immer

Beginne noch heute damit, Menschen in deinem Umfeld mit Respekt zu begegnen. Ob es der Kollege ist, den du schon lange nicht mehr angesprochen hast, oder die Kassiererin im Supermarkt – ein „Danke" oder „Bitte" kann viel bewirken.

Verantwortung übernehmen – In allen Lebensbereichen

Verantwortung zu übernehmen bedeutet, für deine Entscheidungen und Handlungen einzustehen – sowohl bei Erfolgen als auch bei Fehlern. Ein Gentleman ist nicht nur für sich verantwortlich, sondern für das Wohl seiner Familie, seiner Freunde und seiner Kollegen.

Fürsorglichkeit zeigen – Jeden Tag

Achte bewusst auf die Bedürfnisse anderer. Zeige deinem Partner oder Freund, dass du da bist, nicht nur in guten Zeiten, sondern auch in schwierigen Momenten. Diese Fürsorge ist es, die den Unterschied macht.

Authentisch bleiben – Sei du selbst

Ein echter Gentleman versteckt seine Schwächen nicht. Sei stolz auf deine Stärken, aber erkenne auch deine Schwächen an. Authentizität schafft Vertrauen und bringt dich näher an die Menschen, die du respektierst.

Stil zeigen – Achte auf Details

Dein Stil muss nicht teuer sein, aber er sollte mit Selbstbewusstsein getragen werden. Achte auf kleine Details wie gepflegte Nägel, saubere Kleidung und eine aufrechte Haltung – all das sendet ein starkes Signal.

Dankbarkeit ausdrücken – Jeden Tag

Zeige regelmäßig Dankbarkeit, sowohl im Job als auch in deinen persönlichen Beziehungen. Ein Einfaches „Danke" kann den Tag eines anderen erheblich verbessern.

Pflege deine Kommunikation – Höre aktiv zu

Aktives Zuhören ist der Schlüssel zu einer tiefen Verbindung. Sei präsent, wenn dein Gesprächspartner spricht, und höre wirklich zu. Dies wird dir helfen, echte Beziehungen zu pflegen und als Gentleman respektiert zu werden.

Deine Reise als Gentleman beginnt jetzt!

„Die Würde eines Mannes liegt in seinem Charakter, nicht in seinem Reichtum." – Sheikh Zayed bin Sultan Al Nahyan (VAE)

1.1 Der Wert der Selbstreflexion: Dein Weg zum respektierten Partner

Der arabische Gentleman weiß, dass wahre Größe nicht nur durch äußeren Erfolg, sondern durch tiefen inneren Frieden und Respekt wächst. Lass uns gemeinsam auf die Reise gehen, um die Prinzipien der alten Schule zu einer Quelle der Stärke in deinem modernen Leben zu machen. Beginne noch heute, der Partner zu werden, den du dir und deiner Familie wünschst.

Selbstreflexion ist der Schlüssel, um als Partner, Freund und Mensch zu wachsen. Sie ermöglicht es dir, deine Stärken und Schwächen zu erkennen und deine Beziehungen zu vertiefen. Ein respektierter Partner zu sein bedeutet, kontinuierlich an sich zu arbeiten und sich bewusst zu fragen: „Was kann ich tun, um mich zu verbessern?" Doch keine Sorge, Selbstreflexion muss nicht schwer oder kompliziert sein. Mit den richtigen Fragen und praktischen Tipps kannst du sofort beginnen, dein Leben und deine Beziehungen zu bereichern.

„Eine erfolgreiche Partnerschaft entsteht, wenn zwei Menschen ihre Unterschiede schätzen und ihre Stärken gemeinsam nutzen."
– **Scheich Mohammed bin Rashid Al Maktoum, VAE**

1. Reflektiere über deine Kommunikation – Wie sprichst du mit deinem Partner?

Praktisch: Achte darauf, wie du mit deinem Partner sprichst. Sagst du oft, was du denkst, oder gehst du Konflikten aus dem Weg? Respektierte Partner wissen, dass Kommunikation der Schlüssel zu einer gesunden Beziehung ist. Reflektiere, ob du immer klar und respektvoll in deinen Gesprächen bist.

Beispiel: Eines Abends nach einem stressigen Tag nahm Ahmad sich bewusst einen Moment, um mit seiner Frau Leila zu sprechen. Statt in seinem Frust herauszusprudeln, atmete er tief durch und sagte ruhig: „Es tut mir leid, ich bin gestresst, aber ich möchte trotzdem mit dir reden." Leila schätzte diese ruhige, respektvolle Kommunikation, und sie konnten das Missverständnis schnell klären.

Reflexionsfrage: Wann hast du zuletzt in einer stressigen Situation bewusst ruhig und respektvoll kommuniziert? Was hat es für deine Beziehung bewirkt?

2. Dein Verhalten – Bist du ein Vorbild?

Praktisch: Dein Verhalten spricht mehr als tausend Worte. Bist du ein Vorbild für deine Freunde, Familie und deinen Partner? Wenn du Verantwortung übernimmst, auf deine Worte achtest und deine Fehler zugibst, wirst du Respekt gewinnen. Deine Handlungen sind das, was dich von anderen abhebt.

Beispiel: Als Omar einen Fehler im Geschäft machte, wusste er, dass es wichtig war, Verantwortung zu übernehmen. Er entschuldigte sich aufrichtig vor seinem Team: „Ich habe einen Fehler gemacht, und es tut mir leid." Diese Ehrlichkeit und Verantwortung stärkten das Vertrauen und den Respekt seiner Kollegen.

Reflexionsfrage: Wann hast du das letzte Mal Verantwortung für deinen Fehler übernommen und dich entschuldigt? Wie hat sich das auf deine Beziehungen ausgewirkt?

„Fürsorge ist der wahre Maßstab der Menschlichkeit." –
Scheich Mohammed bin Rashid Al Maktoum, VAE

3. Reflexion über deine Fürsorglichkeit – Zeigst du echte Aufmerksamkeit?

Praktisch: Ein respektierter Partner achtet auf die Bedürfnisse des anderen. Bist du aufmerksam und achtest darauf, was dein Partner braucht, ohne dass er es explizit sagt? Kleine Fürsorglichkeit, wie das Vorbereiten eines Kaffees oder das Hören eines frustrierenden Gesprächs, können wahre Wunder bewirken.

Beispiel: Nachdem Rami seine Frau Nour den ganzen Tag über nicht gesehen hatte, fragte er sie am Abend mit einem Lächeln: „Wie war dein Tag, mein Herz?" Diese einfache Geste zeigte, wie sehr ihm ihr Wohl am Herzen lag und stärkte ihre Bindung.

Reflexionsfrage: Welche kleine Fürsorglichkeit hast du in der letzten Woche gezeigt? Wie hast du dabei die Verbindung zu deinem Partner oder deinen Kollegen gestärkt?

4. Die Bedeutung der Selbstfürsorge – Achte auf dich selbst, um ein besserer Partner zu sein

Praktisch: Du kannst nur dann ein respektierter Partner sein, wenn du auch auf dich selbst achtest. Sorge für deine Gesundheit, deine körperliche und geistige Ausgeglichenheit.

Ein ausgeglichener Mensch strahlt diese Ruhe und Zufriedenheit auch in Beziehungen aus.

Beispiel: Khaled wusste, dass er nur dann der Partner sein konnte, den seine Familie brauchte, wenn er auf sich selbst achtete. Er begann, regelmäßig Sport zu treiben und sich Auszeiten zu nehmen, um sich zu entspannen. Dadurch konnte er mit mehr Energie und Geduld für seine Frau und Kinder da sein.

Reflexionsfrage: Wann hast du zuletzt bewusst Zeit für dich genommen, um dich zu entspannen oder etwas für dein Wohlbefinden zu tun? Wie hat sich das auf deine Beziehungen ausgewirkt?

5. Sei authentisch – Zeige deine wahre Seite

Praktisch: Ein respektierter Partner ist jemand, der sich nicht verbiegt. Authentizität ist der Schlüssel, um tiefere Verbindungen zu schaffen. Sei ehrlich zu dir selbst und zu deinem Partner, auch wenn es mal unangenehm ist.

Beispiel: Zaid hatte das Gefühl, dass er und seine Frau Amira sich in letzter Zeit auseinandergelebt hatten. Anstatt das Thema zu meiden, sprach er es offen an: „Ich habe das Gefühl, dass wir in letzter Zeit weniger Zeit füreinander haben.

Ich möchte daran arbeiten, dass wir uns wieder näherkommen." Diese Offenheit führte zu einem ehrlichen Gespräch, das ihre Beziehung stärkten.

Reflexionsfrage: Wann hast du das letzte Mal etwas Schwieriges angesprochen und dabei authentisch und ehrlich gehandelt? Wie hat sich das auf deine Beziehung ausgewirkt?

Die Reise zu einem respektierten Partner beginnt mit Selbstreflexion und kleinen, aber gezielten Veränderungen in deinem Verhalten. Indem du auf deine Kommunikation achtest, Verantwortung übernimmst und Fürsorge zeigst, kannst du sowohl in deinem privaten Leben als auch im Beruf eine tiefere Verbindung zu anderen aufbauen. Denke daran: Respekt kommt von innen und wird durch deine Handlungen sichtbar. Beginne heute, die reflektierte Version von dir selbst zu sein, und du wirst erstaunt sein, wie sehr sich deine Beziehungen verbessern.

Starte jetzt *– werde der Partner, den du dir immer gewünscht hast!*

„Der wahre arabische Gentleman glänzt nicht nur durch sein Äußeres, sondern vor allem durch die Stärke seines Charakters und die Tiefe seines Respekts." – **Scheich Mohammed bin Rashid Al Maktoum**, *VAE*

1.2 Praktische Tipps und Übungen: Selbstpflege und Balance – Der Weg des arabischen Gentlemans

In einer Welt, die sich ständig verändert, bleibt der arabische Gentleman ein Symbol für Beständigkeit, Weisheit und Verantwortung. **Dieses Buch ist ein Schatz an bewährten Prinzipien**, die dir helfen, nicht nur in deiner Beziehung zu glänzen, sondern auch deinen Platz in der Gesellschaft zu behaupten. Es bietet dir einfache und sofort umsetzbare Tipps, die tief in den traditionellen Werten der arabischen Kultur verwurzelt sind und dir dabei helfen, als respektierter, moderner Mann zu wachsen.

„Ein Mann, der Verantwortung übernimmt, ist der wahre Reichtum einer Nation." – **Scheich Zayed bin Sultan Al Nahyan, VAE**

1. Morgen-Gruß – Starte den Tag mit einem Lächeln

Übung 1: Begrüße deinen Partner jeden Morgen mit einem Lächeln und einem liebevollen Kommentar wie: „Ich freue mich, mit dir den Tag zu beginnen."

Tipp: Auch an stressigen Tagen positiv zu bleiben, gibt euch beiden einen Schub.

Erfolgsgeschichte: Imran aus Kairo, der nach jahrelanger Unruhe in seiner Beziehung einen Wendepunkt suchte, begann seine Frau jeden Morgen mit einem Lächeln zu begrüßen. Schon nach wenigen Wochen erlebte er eine unglaubliche Veränderung in ihrer Verbindung – ihre Gespräche wurden liebevoller und aufmerksamer.

2. Aktives Zuhören – Zeige echtes Interesse

Übung 1: Setz dich jeden Abend für fünf Minuten mit deinem Partner hin und frage: „Was war heute dein Highlight?"

Tipp: Konzentriere dich vollständig auf die Antwort – keine Ablenkung durch Handy oder Fernseher.

Beispiel: Hassan aus Beirut hatte nie richtig zugehört, wenn seine Frau über ihren Tag sprach. Nachdem er sich dazu entschloss, aktiv zuzuhören, öffnete sie sich ihm in einer Weise, die ihre Beziehung erheblich stärkte.

3. Verantwortung übernehmen – Fehler eingestehen

Übung 1: Denke an eine Situation, in der du einen Fehler gemacht hast, und entschuldige dich dafür aufrichtig bei deinem Partner.

Tipp: Bleibe ehrlich und vermeide Ausreden.

Erfolgsgeschichte: Khaled aus Dubai hatte lange gezögert, einen Fehler in seiner Beziehung anzuerkennen. Doch als er sich entschuldigte und Verantwortung übernahm, verstärkte sich das Vertrauen zu seiner Frau erheblich, und sie kamen als Paar näher zusammen.

4. Höflichkeit und Respekt – Der wahre Gentleman

„Höflichkeit kostet nichts, aber sie bringt alles." – ***Immanuel Kant***

Übung 1: Achte darauf, deinem Partner immer höflich zu begegnen, auch wenn du müde oder gestresst bist. Sag: „Bitte" und „Danke", selbst bei alltäglichen Dingen.

Tipp: Kleine Gesten der Höflichkeit erhalten den Respekt in der Beziehung.

Erfolgsgeschichte: Firas aus Jeddah begann, sich bewusst für seine Frau Zeit zu nehmen und in jeder Situation höflich zu bleiben. Sie bemerkte sofort den Unterschied und ihre Beziehung wurde stärker, da sie sich respektiert und wertgeschätzt fühlte.

5. Gemeinsame Zeit – Qualität statt Quantität

„Die Familie ist der wahre Schatz, den du niemals verlieren darfst." – **Scheich Zayed bin Sultan Al Nahyan, VAE**

Übung 1: Reserviere einen festen Abend pro Woche nur für euch – ohne Handy, ohne Ablenkungen.

Tipp: Das kann ein Date, ein Spaziergang oder ein Filmabend sein – Hauptsache, ihr seid präsent.

Beispiel: Ahmad und Layla aus Amman fanden, dass ihre Beziehung von der Qualität ihrer gemeinsamen Zeit abhängt. Nachdem sie feste Zeiten für sich einplanten, bemerkten sie eine tiefere Verbindung und mehr Verständnis füreinander.

Verpasse nicht die Chance, **der respektierte Partner zu werden,** *von dem du immer geträumt hast.* **Hol dir noch heute das Buch** *und starte deinen Weg als arabischer Gentleman.* **Lass die Prinzipien der alten Schule zu einer Quelle der Stärke in deinem modernen Leben werden.**

Exklusivität und Mehrwert:

Dieses Buch vermittelt **seltene und bewährte Prinzipien**, die in der arabischen Welt hochgeschätzt werden – Weisheiten, die von den großen Persönlichkeiten der arabischen Welt geprägt wurden, wie Scheich Zayed bin Sultan Al Nahyan und anderen führenden Denkern. **Es bietet dir die einzigartige Möglichkeit**, dich mit den traditionellen Werten der arabischen Kultur zu verbinden und diese in dein modernes Leben zu integrieren, um als **wahre Verkörperung des arabischen Gentlemans** zu glänzen.

Jetzt ist der Moment. Beginne deine Reise zum respektierten Partner, der du verdienst zu sein. **Die Veränderungen, die du dir wünschst, beginnen jetzt.** *Werde der arabische Gentleman*, *den du und deine Familie immer gebraucht haben.*

Selbstpflege ist der Weg, sich selbst zu respektieren und auch anderen zu zeigen, wie man sich achten sollte."
König Salman bin Abdulaziz Al Saud, Saudi-Arabien

1.3 Selbstpflege als Gentleman – Dein Weg zur Balance mit Stil und Auftreten

Stil und Selbstpflege sind nicht nur oberflächliche Themen – sie sind essenziell, um dein volles Potenzial zu entfalten. In diesem praktischen Leitfaden findest du klare, direkt umsetzbare Tipps, die dir helfen, nicht nur äußerlich zu glänzen, sondern auch deine innere Stärke zu entwickeln. Ohne unnötige Theorie und komplizierte Begriffe, sondern mit präzisen, wirkungsvollen Übungen, die dich sofort zum Gentleman von heute machen.

Warum solltest du diesen Weg gehen?

„Die Balance zwischen Tradition und Moderne ist der Schlüssel, um als arabischer Gentleman in der heutigen Welt zu glänzen." – **Scheich Zayed bin Sultan Al Nahyan, VAE**

Als moderner Gentleman ist es deine Verantwortung, in jeder Lebenssituation durch deine Haltung, Eleganz und Integrität zu beeindrucken. Dieser Leitfaden zeigt dir, wie du klassische Werte wie Respekt, Höflichkeit und Verantwortung in moderne Beziehungen integrierst – sowohl im privaten als auch im beruflichen Umfeld.

Mit einer humorvollen und dennoch respektvollen Sprache wirst du lernen, in jeder Situation zu glänzen – vom familiären Kreis bis zu den größeren sozialen und beruflichen Umfeldern. Dein Ansehen wird wachsen, und du wirst das Selbstbewusstsein gewinnen, das du verdienst.

„Der wahre Gentleman ist derjenige, der die Familie ehrt und das Wohl seiner Gemeinschaft über alles stellt. Die Familie ist das Fundament einer stabilen Gesellschaft." – **Ibn Khaldun**, arabischer Denker, Tunesien/Algerien

Werde der Mann, den die Menschen respektieren und bewundern. Mit diesen Prinzipien wirst du nicht nur heute glänzen, sondern für den Rest deines Lebens als ein wahrer Gentleman anerkannt werden, sowohl in deiner Familie als auch in deiner beruflichen Welt.

Dieses Buch vermittelt seltene, zeitlose Prinzipien, die seit Jahrhunderten in der arabischen Welt geschätzt werden – ein Leitfaden, der dir hilft, die moderne Welt zu erobern, ohne deine Wurzeln zu verlieren.

PRAKTISCHE ÜBUNGEN für deinen Erfolg:

1. Selbstpflege: Balance für Körper und Geist

Übung 1: „Komplimente annehmen"

Täglich bekommst du Lob – bewusst oder unbewusst. Heute übst du, ein Kompliment mit einem Lächeln und einem einfachen „Danke" anzunehmen, ohne es abzuschwächen.

Tipp: Starte mit etwas Einfachem wie: „Das Hemd steht dir gut." – Antworte: „Danke, das freut mich sehr."

Reflexionsfrage: Wie hat sich dein Selbstbewusstsein nach dieser Übung verändert?

Übung 2: „Dein persönliches Stil-Upgrade"

Wähle ein Kleidungsstück oder Accessoire aus, das du normalerweise nicht trägst, aber schon immer ausprobieren wolltest. Kombiniere es in deinem Outfit und beobachte die Reaktion anderer.

Tipp: Experimentiere mit Farben oder Details, die deinen Stil betonen, zum Beispiel eine hochwertige Uhr oder ein schickes Einstecktuch.

Reflexionsfrage: Welche Wirkung hat dein Look auf dich und dein Umfeld?

2. Digitale Kommunikation: Höflichkeit im Online-Alltag

Übung 1: „Die positive Nachricht"

Schreibe jeden Tag eine kurze, aufbauende Nachricht an eine Person aus deinem Umfeld.

Tipp: Beginne mit etwas wie: „Ich wollte dir nur sagen, wie sehr ich deine Hilfe gestern geschätzt habe."

Reflexionsfrage: Wie haben die Empfänger reagiert, und was hat das bei dir ausgelöst?

Übung 2: „Der respektvolle Kommentar"

Nimm dir vor, bei der nächsten Diskussion in sozialen Medien höflich, aber bestimmt deine Meinung zu äußern – ohne Angriffe oder Sarkasmus.

Tipp: Schreibe Kommentare, die aufbauen, statt zu kritisieren, zum Beispiel: „Interessanter Gedanke – hier ist, wie ich das sehe."

Reflexionsfrage: Wie hat sich der respektvolle Ton auf die Diskussion ausgewirkt?

3. Emotionale Stärke: Der Gentleman mit Herz

Übung 1: „Ein kleines Dankeschön"

Denke an eine Person, die in letzter Zeit etwas Gutes für dich getan hat, und bedanke dich bewusst dafür.

Tipp: Mach es persönlich, zum Beispiel durch eine kurze Nachricht oder einen Anruf: „Deine Unterstützung hat mir wirklich geholfen – danke dafür!"

Reflexionsfrage: Was hat diese Geste in eurer Beziehung verändert?

Übung 2: „Die Erinnerung ans Gute"

Erinnere dich an eine Situation, in der du mit einer kleinen Geste jemandem den Tag verschönert hast. Schreibe diese Erfahrung auf.

Tipp: Notiere, wie du dich damals gefühlt hast und was du daraus gelernt hast.

Reflexionsfrage: Welche kleine Geste kannst du heute tun, um jemandem eine Freude zu bereiten?

4. Humor und Kreativität: Locker bleiben

Übung 1: „Die Butler-Geste"

Öffne die Tür für deinen Partner oder Kollegen mit einer übertrieben höflichen Bewegung und sage: „Wie kann ich Ihnen helfen, meine Dame/mein Herr?"

Tipp: Humor schafft Nähe – nutze diese kleine Geste, um ein Lächeln hervorzurufen.

Reflexionsfrage: Wie hat diese Aktion die Stimmung verändert?

Übung 2: „Was bringe ich zur Weißglut?"

Frage eine nahestehende Person humorvoll, was du machst, dass sie manchmal nervt. Höre zu, ohne zu verteidigen.

Tipp: Notiere dir die Antwort und überlege, wie du es besser machen kannst.

Reflexionsfrage: Was hast du über dich gelernt?

5. Herausforderung: Der 7-Tage-Gentleman-Test

Teste dein Gentleman-Level in einer Woche und erlebe, wie schnell sich dein Verhalten ändern kann!

- Tag 1: Sag dreimal bewusst „Bitte" und „Danke".
- Tag 2: Überrasche deinen Partner mit einer kleinen Aufmerksamkeit.
- Tag 3: Höre jemandem aktiv zu, ohne ihn zu unterbrechen.
- Tag 4: Schreibe einem Freund oder Kollegen eine aufmunternde Nachricht.
- Tag 5: Investiere 10 Minuten in deinen Look für den Tag.
- Tag 6: Mache einer fremden Person ein ehrliches Kompliment.
- Tag 7: Reflektiere deine Woche: Welche Prinzipien willst du langfristig beibehalten?

Dein Weg zu einem erfüllten Leben als Gentleman

Diese Übungen sind nicht nur einfach und praktisch – sie haben das Potenzial, dein Selbstbewusstsein zu stärken, deine Beziehungen zu verbessern und dich zu einem inspirierten Vorbild zu machen. Der Gentleman von heute ist nicht perfekt, aber er ist authentisch, respektvoll und immer offen, an sich zu arbeiten.

Starte noch heute!

„Die beste Zeit, um einen Baum zu pflanzen, war vor zwanzig Jahren. Die zweitbeste Zeit ist heute." – **Chinesisches Sprichwort**

Bonus-Tipp: Überlege dir, wie du die Übungen in deinen Alltag integrieren kannst. Kleine Veränderungen führen zu großen Ergebnissen – und du wirst sehen, wie schnell sich dein Leben zum Positiven verändert.

Bereit, der Gentleman zu werden, der du verdienst zu sein?

Warte nicht länger – werde der Gentleman, den du in dir trägst! Hol dir dein Exemplar noch heute und beginne sofort, deinen Weg als respektierter arabischer Gentleman zu gehen. Die Zeit, dich zu verändern, ist jetzt!

KAPITEL 2: Ehre und Verantwortung im täglichen Leben: Dein Weg zu mehr Respekt und Erfolg

„Die Ehre eines Mannes liegt in seiner Verantwortung – nicht in seinen Taten, sondern in der Weise, wie er seine Verpflichtungen gegenüber anderen wahrnimmt." – **Al-Farabi**, *Vereinigtes Königreich/Arabische Welt*

Jeder von uns träumt davon, der beste Mensch zu sein, der er sein kann – jemand, der Verantwortung übernimmt, Ehrlichkeit lebt und die Menschen um sich herum inspiriert. Aber wie kommt man dorthin? Der Schlüssel zu mehr Respekt, Vertrauen und Erfolg im Leben liegt in den einfachen, aber kraftvollen Prinzipien der Ehre und Verantwortung. Diese Prinzipien sind nicht nur abstrakte Werte, sondern tägliche Handlungen, die dein Leben in einer Weise verändern können, die du nie für möglich gehalten hättest.

Verantwortung übernehmen: Der erste Schritt zum Erfolg

Stell dir vor, du stehst vor deinem Spiegel und erkennst, dass du der Mann geworden bist, von dem du immer geträumt hast – jemand, der Verantwortung übernimmt, Ehre lebt und das Vertrauen seiner Familie und Freunde hat. Wie fühlt sich das an? Durch das Übernehmen von Verantwortung wirst du zur vertrauenswürdigeren Person in deinem Umfeld – sei es in der Partnerschaft, im Beruf oder im Freundeskreis. Verantwortung bedeutet nicht nur, Fehler zuzugeben, sondern auch aktiv Lösungen zu finden.

Übung: „Nimm dir heute bewusst vor, für eine Situation, in der du versagt hast, Verantwortung zu übernehmen – ohne Ausreden. Sag deinem Partner oder Kollegen, dass du es besser machen wirst, und zeige durch konkrete Schritte, dass du es ernst meinst."

Die Macht der kleinen Gesten

Es sind oft die kleinen Dinge, die einen großen Unterschied machen. Stell dir vor, du öffnest die Tür für deinen Partner wie ein Gentleman, nickst höflich und fragst: „Wie kann ich Ihnen behilflich sein, Madame/Herr?" Dein Partner wird vielleicht schmunzeln, aber diese Geste bleibt hängen. Ein Gentleman zeigt durch seine Taten, dass er Wertschätzung und Respekt für die Menschen um sich herumhat – und genau das macht den Unterschied.

Übung: „Überrasche deinen Partner heute mit einer kleinen Geste der Wertschätzung – sei es ein nettes Kompliment oder ein kleiner Akt der Hilfe, der den Tag des anderen verbessert. Achte darauf, wie sich die Stimmung verändert."

„Höflichkeit ist die Währung des Herzens – sie kostet nichts, aber ihr Wert ist unbezahlbar." **– Sheikh Jaber Al-Ahmad Al-Sabah**, *Emir von Kuwait*

Höflichkeit und Respekt im digitalen Zeitalter

Wir leben in einer Welt, in der digitale Kommunikation das tägliche Leben prägt. Höflichkeit und Respekt dürfen auch hier nicht verloren gehen. In einer Zeit, in der viele Nachrichten oft missverstanden werden, ist es wichtiger denn je, sich online respektvoll und aufmerksam auszudrücken. Sei der Gentleman, der in einer schnellen, oft oberflächlichen Kommunikation als Fels in der Brandung der Höflichkeit steht.

Übung: „Setze dir das Ziel, in der kommenden Woche jeden Tag eine positive Nachricht zu senden – sei es ein aufbauender Kommentar oder ein Kompliment an jemanden, den du schätzt. Achte darauf, wie sich die Stimmung in deinem Umfeld verändert."

Ehre und Respekt – Deine Superkraft

Du fragst dich vielleicht, was es dir bringt, diese Prinzipien in dein Leben zu integrieren. Die Antwort: Erfolg und tiefe, respektvolle Beziehungen. Indem du Verantwortung übernimmst, baust du nicht nur Vertrauen auf, sondern wirst der Partner, der immer als verlässlich wahrgenommen wird. Und das ist der Schlüssel zu dauerhaften Beziehungen und beruflichem Erfolg. Der Gentleman von heute ist jemand, der in jedem Bereich seines Lebens Verantwortung übernimmt, in jeder Situation mit Anstand und Respekt handelt und niemals seine Ehre verkauft.

Reflexion: „Notiere dir fünf Situationen, in denen du in letzter Zeit Verantwortung übernommen hast – wie haben sich diese Momente auf dein Umfeld und deinen Erfolg ausgewirkt?"

Das Beste von dir selbst zeigen

Erinnere dich an eine Situation, in der ein kleines „Danke" oder eine unerwartete Geste von dir die Stimmung deines Partners verändert hat. Wie hat sich das angefühlt? Diese kleinen Gesten sind mehr als nur Höflichkeit – sie sind Ausdruck von Wertschätzung und Anerkennung. Und genau diese Prinzipien sind es, die Menschen dazu bringen, sich dir anzuschließen, dir zu vertrauen und dich zu respektieren.

Storytelling-Übung: „Erinnere dich an eine Situation, in der dein Partner oder ein Kollege durch ein kleines Zeichen der Wertschätzung positiv überrascht wurde. Notiere, wie sich das auf eure Beziehung ausgewirkt hat und wie du das in Zukunft noch häufiger tun kannst."

2.1 Der arabische Gentleman und die Verantwortung in der Familie

„Erfolg ist nicht nur das, was man in der Welt erreicht, sondern auch, wie man seine Familie führt und unterstützt. Ein wahrer Gentleman sorgt für das Wohl seiner Liebsten." – **Prinz Alwaleed bin Talal**, *Saudi-Arabien*

Werde der arabische Gentleman, den du dir immer gewünscht hast – für dich, deine Familie und deine Gesellschaft!

In einer sich ständig verändernden Welt bleibt die Verantwortung eines arabischen Gentlemans in seiner Familie das Fundament von **Respekt und Integrität**. „Der arabische **Gentleman und die Verantwortung in der Familie"** zeigt dir, wie du **Verantwortung übernimmst**, ein **Vorbild** wirst und **starke Beziehungen** aufbaust.

Für Männer, die als **starke Führungspersönlichkeiten** Verantwortung übernehmen wollen – und für **Frauen,** die einen **charismatischen, respektvollen Partner** suchen, der die Familie führt. Du wirst erfahren, wie du als arabischer Gentleman nicht nur respektiert wirst, sondern auch das **Ansehen** und die **Anerkennung** bekommst, die dir zustehen.

Transformiere nicht nur dein Leben – sondern auch deine Beziehungen! Mit klaren, praktischen Anleitungen wirst du lernen, wie du deine **Familie stärkst**, als Partner glänzt und als Vater oder Bruder ein **starker Fels** wirst. Du wirst lernen, wie du sowohl im **beruflichen Umfeld** als auch in deiner **Familie** und **Freundschaften** Verantwortung übernimmst, sodass du als **Führer** und **Ratgeber** respektiert wirst.

Verwandle deine Haltung und Beziehungen – mit sofort umsetzbaren Tipps, die dir helfen, noch heute als arabischer Gentleman zu handeln. **Sei der Held, den deine Familie braucht**, und baue das **Ansehen** und den **Respekt** auf, die du verdienst.

„Die wahre Größe eines Menschen zeigt sich nicht nur in seinem Erfolg, sondern auch in seiner Fähigkeit, Verantwortung zu übernehmen und seine Familie mit Weisheit zu führen." **– Sheikh Zayed bin Sultan Al Nahyan, VAE**

Für Männer und Frauen:

- Männer, die zu **starken Führungspersönlichkeiten** in ihrer Familie und Gesellschaft werden wollen.
- Frauen, die nach einem **respektvollen, charismatischen Partner** suchen, der als **Fels** in der Brandung steht und die Verantwortung für das Wohl der Familie übernimmt.

Beginne **noch heute**, der arabische Gentleman zu werden, von dem du immer geträumt hast. **Verpasse nicht die Chance**, die **Veränderung** zu erleben, die du verdienst. Deine Familie und dein Umfeld warten auf dich – werde der arabische Gentleman, der du schon immer sein wolltest!

2.2 Der arabische Gentleman: Verantwortung als Schlüssel zu erfüllten Beziehungen und persönlichem Erfolg

„Ein wahrer Mann erfüllt seine Verantwortung nicht nur gegenüber seiner Nation, sondern auch gegenüber den Menschen, die ihm am nächsten stehen – seiner Familie. Sie sind die Grundlage seines Erfolgs." – **Khalifa bin Zayed Al Nahyan**, *VAE*

In einer Welt, in der Beziehungen und beruflicher Erfolg immer komplexer werden, ist der **arabische Gentleman** derjenige, der **Verantwortung** übernimmt – nicht nur für sich selbst, sondern auch für seine Beziehungen und seine Umwelt. **Verantwortung** zu tragen, bedeutet, die Grundlage für

Respekt, Vertrauen und Anerkennung zu legen und einen positiven Einfluss auszuüben. Dieser Leitfaden hilft dir dabei, Verantwortung in deinem Leben zu integrieren – präzise, effektiv und sofort umsetzbar.

Warum Verantwortung der Weg zu einem erfüllten Leben ist

Verantwortung zu übernehmen ist der entscheidende Schritt zu tiefen, respektvollen Beziehungen und einem erfüllten Leben. Wenn du Verantwortung übernimmst, stärkst du nicht nur dich selbst, sondern schaffst auch die Grundlage für positive Veränderungen in deinem Umfeld. Ob privat oder beruflich – Verantwortung ist der Schlüssel zu Respekt und Anerkennung, den du verdienst.

Im Privatleben

Verantwortung zu übernehmen bedeutet, zu erkennen, dass du einen aktiven Anteil an der Dynamik deiner Beziehung hast. Es geht darum, **Fehler einzugestehen**, **Lösungen zu finden** und **proaktiv zu handeln**, um das Zusammensein zu verbessern. Dein Partner wird es mehr als zu schätzen wissen, wenn du Verantwortung zeigst und dich täglich für eine stärkere Beziehung einsetzt.

Sofort umsetzbarer Tipp:

Zeige heute Verantwortung, indem du aktiv in deiner Beziehung etwas veränderst. Übernimm eine Aufgabe oder sage einfach: „Ich kümmere mich darum." Diese kleinen, entschlossenen Schritte werden nicht nur eure Bindung festigen, sondern auch dein Selbstbewusstsein stärken.

Im Beruf

Wenn du Verantwortung übernimmst, wirst du als jemand wahrgenommen, der die **Kontrolle hat** und **echte Lösungen liefert**. Es geht darum, nicht nur Aufgaben zu erledigen, sondern Verantwortung zu tragen, zu handeln und dich selbst als **Führungspersönlichkeit** zu beweisen. Wer Verantwortung lebt, zieht Respekt an und wird zum Vorbild für andere.

Sofort umsetzbarer Tipp:

Stelle dir jeden Morgen die Frage: „Was kann ich heute tun, um Verantwortung zu übernehmen und meine Ziele zu erreichen?" Beginne den Tag mit der Absicht, in jeder Situation **proaktiv** zu handeln – egal, ob es darum geht, neue Lösungen zu finden oder anderen zu helfen.

Fürsorge in kleinen Dingen: Aufrichtigkeit und Zuverlässigkeit – Der Schlüssel zu tiefen Beziehungen

In einer hektischen Welt sind es oft die kleinen Dinge, die echte Beziehungen ausmachen. **Aufrichtigkeit und Zuverlässigkeit** sind nicht nur Werte – sie sind der wahre Schlüssel zu **tieferem Vertrauen** und einer intensiveren Verbindung, sowohl im Privatleben als auch im Beruf.

Praktische Tipps für sofortige Veränderung

Aktives Zuhören: Höre deinem Partner oder Kollegen wirklich zu. Ein Einfaches „Wie war dein Tag?" zeigt echtes Interesse und vertieft eure Verbindung.

Verlässlichkeit: Erledige, was du versprichst. Zeige, dass man sich immer auf dich verlassen kann – Vertrauen ist das Fundament jeder Beziehung.

Sofort umsetzbar:

Überlege dir heute eine kleine Geste der Fürsorge – ein aufrichtiges Kompliment oder das Erledigen einer versprochenen Aufgabe. Du wirst sofort eine positive Reaktion spüren.

Warum es funktioniert:

Diese kleinen, aber bedeutenden Gesten lassen Menschen spüren, dass sie dir wichtig sind. Sie stärken die Bindung und schaffen Vertrauen. **Verantwortung und Fürsorge** sind das Fundament für Beziehungen, die auf Respekt und Wertschätzung basieren.

Setze den ersten Schritt noch heute:

Mache heute den Unterschied. Wende diese Prinzipien an und spüre, wie deine Beziehungen auf eine tiefere Ebene gehoben werden. Der **arabische Gentleman** versteht es, Verantwortung zu übernehmen und Fürsorge zu zeigen – der wahre Schlüssel zu **erfüllten Beziehungen** und **beruflichem Erfolg**.

2.3 Praktische Tipps für mehr Verantwortung, Respekt und Erfolg – Sofort umsetzbar für ein erfülltes Leben im Privatleben

Willst du tiefere, bedeutungsvollere Beziehungen aufbauen und mehr Verantwortung in deinem Leben übernehmen? Es ist Zeit, dein Leben auf das nächste Level zu heben!

Dieser Leitfaden zeigt dir, wie du mit einfachen, aber effektiven Schritten sofortigen Erfolg in deinem Privatleben erzielen kannst. Setze die folgenden Tipps um und erlebe, wie du als charismatische Führungspersönlichkeit sowohl im Familien- als auch im sozialen Umfeld glänzt.

Es ist Zeit, dein Leben jetzt zu transformieren!

1. Verantwortung im Privatleben: Übernimm die Führung

Tipp: Übernimm heute die Verantwortung für eine Aufgabe zu Hause, die du normalerweise vermeidest. Sei es das Organisieren einer Familienaktivität oder das Erledigen eines Hausprojekts.

Umsetzung:

- Organisiere das Familienessen heute und frage deine Familie nach ihren Wünschen.
- Plane einen Wochenendausflug und sorge für alle notwendigen Vorbereitungen.
- Übernimm ein Hausprojekt, das schon lange aufgeschoben wurde.

Warum es funktioniert: Diese kleinen, entschlossenen Schritte zeigen, dass du Verantwortung übernimmst und Führungskompetenz beweist. Dein Selbstbewusstsein wächst, und du stärkst dein Umfeld. Du wirst als zuverlässiger Partner und vertrauenswürdige Führungskraft wahrgenommen.

2. Verlässlichkeit im Beruf: Halte deine Versprecke

Tipp: Verpflichte dich, heute ein berufliches Versprechen einzuhalten – sei es, eine Aufgabe rechtzeitig abzuschließen oder ein Meeting vorzubereiten.

Umsetzung:

- Setze dir das Ziel, alle offenen Aufgaben noch heute abzuschließen.
- Bereite ein Meeting gründlich vor und liefere einen klaren Bericht.
- Unterstütze einen Kollegen aktiv, indem du eine Aufgabe rechtzeitig erledigst.

Warum es funktioniert: Verlässlichkeit ist eine der wichtigsten Eigenschaften, die dir im Beruf Respekt verschafft. Du wirst als vertrauenswürdiger und verantwortungsbewusster Teamplayer wahrgenommen. Dies öffnet Türen für neue berufliche Möglichkeiten.

3. Aktives Zuhören in Beziehungen

Tipp: Höre deinem Partner heute wirklich zu, ohne ihn zu unterbrechen. Zeige echtes Interesse an seinen Gedanken und Gefühlen.

Umsetzung:

- Frage deinen Partner nach seinem Tag und höre aufmerksam zu.
- Vermeide es, Ratschläge zu erteilen, es sei denn, er bittet darum.
- Zeige Verständnis, indem du aktiv bestätigst, was der andere sagt.

Warum es funktioniert: Durch aktives Zuhören baust du Vertrauen auf und schaffst eine Atmosphäre der Nähe. Dein Partner fühlt sich gehört und verstanden, was eure Beziehung vertieft und stärkt.

4. Proaktive Kommunikation im Beruf

Tipp: Ergreife heute die Initiative und biete eine Lösung für ein Problem an, das bisher ungelöst war.

Umsetzung:

- Identifiziere ein ungelöstes Problem im Team und bringe eine Lösung ein.
- Biete an, eine schwierige Aufgabe zu übernehmen, um den Arbeitsablauf zu verbessern.
- Fordere regelmäßige Updates an, um den Projektfortschritt zu überwachen und schneller zu handeln.

Warum es funktioniert: Proaktive Kommunikation zeigt, dass du Verantwortung übernimmst und immer nach Lösungen suchst. Du wirst als Führungspersönlichkeit wahrgenommen, die in jeder Situation den Überblick behält.

5. Ehrlichkeit in Konflikten

Tipp: Wenn du einen Konflikt mit einem Familienmitglied oder Kollegen hast, gehe heute den ersten Schritt und sage deine ehrliche Meinung auf respektvolle Weise.

Umsetzung:

- Sprich offen über deine Gefühle, ohne den anderen anzugreifen.
- Stelle sicher, dass du deine Sichtweise klar und respektvoll darlegst.

- Höre auch die Perspektive des anderen an und versuche, gemeinsam eine Lösung zu finden.

Warum es funktioniert: Ehrlichkeit baut Vertrauen auf und ermöglicht dir, Konflikte produktiv zu lösen. Du wirst als jemand wahrgenommen, der offen und fair ist, was deine Glaubwürdigkeit und Respekt stärkt.

6. Respektvolle Grenzen setzen

Tipp: Setze heute in einer Beziehung oder im Beruf klare Grenzen und kommuniziere sie respektvoll.

Umsetzung:

- Sage einem Kollegen respektvoll, wenn eine Aufgabe deine Arbeitszeit übersteigt.
- Kläre mit deinem Partner, dass du abends keine Arbeitsgespräche führen möchtest.
- Definiere klare Pausen und Freiräume, um deine Energie aufzuladen.

Warum es funktioniert: Grenzen zu setzen hilft dir, deine Bedürfnisse zu wahren und gleichzeitig respektvolle Beziehungen zu pflegen. Du wirst als selbstbewusste, durchsetzungsfähige Person wahrgenommen.

7. Dankbarkeit zeigen

Tipp: Zeige heute Dankbarkeit gegenüber einem Familienmitglied oder Kollegen, indem du ihnen für ihre Unterstützung oder Zusammenarbeit danke.

Umsetzung:

- Bedanke dich bei deinem Partner für die tägliche Unterstützung im Haushalt.
- Zeige einem Kollegen deine Wertschätzung für eine hervorragende Zusammenarbeit.
- Schreibe eine Dankesnachricht an jemanden, der dir in letzter Zeit geholfen hat.

Warum es funktioniert: Dankbarkeit fördert positive Beziehungen und stärkt das Gefühl der Verbundenheit. Du wirst als jemand wahrgenommen, der Wert auf die Menschen um ihn legt.

8. Verantwortung für eigene Fehler übernehmen

Tipp: Wenn du heute einen Fehler machst, übernimm sofort die Verantwortung und finde eine Lösung, um ihn zu beheben.

Umsetzung:

- Gib zu, wenn du einen Fehler gemacht hast, und entschuldige dich ehrlich.
- Suche sofort nach einer Lösung, um den Fehler zu korrigieren.
- Teile anderen mit, was du daraus gelernt hast, um es in Zukunft zu vermeiden.

Warum es funktioniert: Menschen respektieren dich, wenn du zu deinen Fehlern stehst und Verantwortung übernimmst. Es zeigt Stärke und Reife.

9. Mentale Stärke aufbauen

Tipp: Beginne heute mit einer kurzen Meditation oder einer positiven Affirmation, um deine mentale Stärke zu fördern.

Umsetzung:

- Starte deinen Tag mit einer kurzen Meditation, um Klarheit und Ruhe zu finden.
- Wiederhole täglich positive Affirmationen, um Selbstvertrauen aufzubauen.
- Nimm dir am Abend eine Auszeit, um deine Gedanken zu ordnen und Stress abzubauen.

Warum es funktioniert: Mentale Stärke hilft dir, Herausforderungen zu meistern und selbstbewusster in allen Lebensbereichen zu handeln.

10. Die kleine Geste der Fürsorge

Tipp: Überrasche heute jemanden mit einer kleinen Geste der Fürsorge – ein unerwartetes Kompliment, das Erledigen einer Aufgabe oder das Hören eines Problems ohne Urteil.

Umsetzung:

- Schenke deinem Partner ein aufrichtiges Kompliment für etwas, das er oder sie getan hat.
- Erledige eine Aufgabe für einen Kollegen, die dieser aufgeschoben hat.
- Höre einem Freund zu, der ein Problem hat, ohne sofort eine Lösung anzubieten.

Warum es funktioniert: Kleine, aber bedeutende Gesten schaffen tiefere emotionale Verbindungen und fördern gegenseitigen Respekt und Vertrauen.

Jetzt handeln – verwandle dein Leben in nur 30 Tagen und gewinne den Respekt, den du verdienst! Erlebe, wie du als charismatische Führungspersönlichkeit in deinem

Privatleben und Beruf aufblühst – **garantierte Ergebnisse oder dein Geld zurück!**

„Der wahre Kampf in einer Beziehung ist nicht, sich selbst zu behaupten, sondern das Vertrauen zu wahren, das andere in dich setzen." — **Yasser Arafat** *(Palästina) betont, dass in einer Beziehung nicht nur die eigene Perspektive wichtig ist, sondern das Vertrauen und die Verantwortung gegenüber anderen. Dies führt zu langfristigen, stabilen Verbindungen.*

Erfolgsgeschichte: Ahmeds Reise zu mehr Verantwortung und Vertrauen in seiner Beziehung

„Bevor ich diese Tipps umgesetzt habe, war meine Beziehung zu meiner Frau oft von Missverständnissen und Stress geprägt. Ich nahm zu viele Dinge als selbstverständlich hin und überließ meiner Frau die Führung in der Familie. Doch nachdem ich gelernt habe, Verantwortung zu übernehmen – sei es durch das Organisieren von Familienaktivitäten oder das Übernehmen von Hausprojekten – hat sich alles verändert. Ich habe das Familienessen geplant und meine Frau gebeten, ihre Wünsche mitzuteilen. Dieses kleine, aber bedeutende Zeichen meiner Initiative hat das Vertrauen in mich als Partner gestärkt. Heute spüren wir beide eine tiefere Verbindung und ein stärkeres Teamgefühl. Unsere Gespräche sind konstruktiver, und die Harmonie in unserem Zuhause ist gewachsen. Ich fühle mich wie der Mann, der Verantwortung übernimmt und seine Familie führt – und das macht mich stolz." – **Ahmed Al-Farsi, 38**, Familienvater aus Dubai

Warum es funktioniert: Diese einfache Veränderung in Ahmeds Einstellung hat nicht nur sein Privatleben verbessert, sondern ihm auch geholfen, ein charismatischeres und selbstbewussteres Familienoberhaupt zu werden.

Erfolgsgeschichte: Laylas beruflicher Aufstieg durch mehr Verantwortung und Kommunikation

„Als berufstätige Mutter fühlte ich mich oft zwischen den Anforderungen meines Jobs und meiner Familie hin- und hergerissen. Aber als ich entschloss, Verantwortung für meine beruflichen Ziele zu übernehmen und klarer mit meinem Team zu kommunizieren, änderte sich alles. Ich setzte mich regelmäßig mit meinem Vorgesetzten zusammen und ergriff die Initiative bei Projekten, die vorher ungelöst blieben. Besonders beeindruckend war, dass ich die Führung in einem wichtigen Teamprojekt übernahm und es zum Erfolg führte – das eröffnete mir völlig neue Karrierechancen. Doch auch zu Hause profitierte ich davon, Verantwortung zu zeigen. Ich planbare bewusst Familienzeiten, in denen wir alle zusammenkamen. Diese Veränderungen haben nicht nur meine berufliche Position gestärkt, sondern auch meine

Beziehung zu meiner Familie vertieft." – **Layla Jaber, 34, Unternehmerin und Mutter aus Abu Dhabi**

Warum es funktioniert: Laylas Erfolg zeigt, wie das Übernehmen von Verantwortung sowohl im Beruf als auch zu Hause nicht nur den eigenen Erfolg steigert, sondern auch das Vertrauen und die Bindung zu ihren Liebsten stärkt.

Diese Erfolgsgeschichten vermitteln nicht nur eine persönliche Transformation, sondern bieten auch konkrete Ergebnisse, die potenzielle Käufer ansprechen und motivieren können. Sie zeigen, dass Veränderung möglich ist – sowohl im Familienleben als auch im beruflichen Umfeld.

Diese praktischen Tipps helfen dir, Verantwortung und Respekt in deinem Privatleben zu stärken und sofortige Veränderungen herbeizuführen. Indem du diese einfachen Schritte umsetzt, wirst du nicht nur deine Beziehungen vertiefen, sondern auch als charismatische Führungspersönlichkeit wahrgenommen. Starte noch heute und erlebe den Unterschied!

Praktische Verantwortungstipps für Beruf – Der Schlüssel zu persönlichem Erfolg

Willst du im Beruf herausstechen und gleichzeitig tiefen Respekt und Anerkennung erlangen? Dieser Leitfaden bietet dir zehn praktische Tipps, die sofort umsetzbar sind, und zwei inspirierende Erfolgsgeschichten, die zeigen, wie ein arabischer Gentleman beruflichen Erfolg meistert. Starte jetzt und werde zur besten Version deiner selbst!

TIPPS für den beruflichen Erfolg

Verantwortung übernehmen

Hinweis: Zeige Eigeninitiative, indem du Verantwortung für Projekte übernimmst, die andere vermeiden.

Umsetzung:

- Nimm ein schwieriges Projekt an, das Teammitglieder ablehnen.
- Organisiere ein wichtiges Meeting und setze klare Ziele.
- Übernimm die Leitung eines neuen Teams oder einer Abteilung.

Beispiele:

- Khalid übernahm ein herausforderndes Projekt und erhielt später eine Beförderung.
- Aisha organisierte erfolgreich eine schwierige Veranstaltung und wurde zur Abteilungsleiterin befördert.

- Ahmed zeigte Initiative bei der Digitalisierung von Prozessen und erhielt Anerkennung vom Management.

2. Effektive Kommunikation

Hinweis: Klare und respektvolle Kommunikation ist entscheidend für erfolgreiche Zusammenarbeit.

Umsetzung:

- Schreibe präzise Berichte und E-Mails.
- Stelle sicher, dass alle Teammitglieder klare Anweisungen erhalten.
- Übe aktives Zuhören in Meetings.

Beispiele:

- Sarah klärte ein Missverständnis im Team und stärkte so die Zusammenarbeit.
- Omar beeindruckte die Geschäftsleitung durch seine prägnanten Präsentationen.
- Layla baute Vertrauen auf, indem sie ihre Kollegen bei Problemen unterstützte.

3. Selbstdisziplin entwickeln

Hinweis: Erfolgreiche Menschen zeichnen sich durch eine starke Arbeitsmoral und Disziplin aus.

Umsetzung:

- Setze dir tägliche Prioritäten.
- Halte dich an Deadlines.
- Vermeide Ablenkungen, indem du klare Arbeitszeiten definierst.

Beispiele:

- Yasir beendete ein komplexes Projekt vor der Deadline und erhielt Lob.
- Fatima etablierte eine Morgenroutine, die ihre Produktivität verdoppelte.
- Hassan lehnte unnötige Meetings ab, um sich auf wichtige Aufgaben zu konzentrieren.

4. Proaktive Problemlösung

Hinweis: Menschen, die Lösungen statt Probleme bieten, werden wertgeschätzt.

Umsetzung:

- Analysiere bestehende Herausforderungen und schlage Lösungen vor.
- Unterstütze Kollegen bei ihren Projekten.
- Sei stets bereit, zusätzliche Verantwortung zu übernehmen.

Beispiele:

- Salma schlug ein neues System zur Kostensenkung vor, das erfolgreich implementiert wurde.
- Rami identifizierte Engpässe im Workflow und optimierte diese.
- Nadira entwickelte eine Schulung, die die Effizienz ihres Teams steigerte.

5. Netzwerke strategisch aufbauen

Hinweis: Beziehungen sind der Schlüssel zu langfristigem Erfolg.

Umsetzung:

- Besuche Branchenveranstaltungen und knüpfe Kontakte.
- Pflege Beziehungen zu Mentoren.

- Unterstütze andere, um langfristige Partnerschaften aufzubauen.

Beispiele:

- Karim erhielt eine neue Position durch Empfehlungen aus seinem Netzwerk.
- Samira fand Geschäftspartner auf einer Konferenz.
- Zaid baute ein starkes Netzwerk auf, das ihm bei der Karriere half.

6. Mentale Stärke zeigen

Hinweis: Bleibe auch in stressigen Situationen ruhig und konzentriert.

Umsetzung:

- Übe täglich Meditation oder Affirmationen.
- Entwickle Strategien zur Stressbewältigung.
- Suche stets nach einer positiven Perspektive.

Beispiele:

- Mona meisterte eine Krise im Unternehmen mit klarem Kopf.

- Tariq zeigte Gelassenheit bei einer schwierigen Verhandlung.
- Leila bewies Resilienz, als sie ein großes Team leitete.

7. Ehrlichkeit und Integrität

Hinweis: Ehrlichkeit schafft Vertrauen und stärkt deine Glaubwürdigkeit.

Umsetzung:

- Stehe zu deinen Fehlern und korrigiere sie.
- Verhalte dich stets respektvoll.
- Halte deine Versprechen.

Beispiele:

- Noura gewann das Vertrauen ihres Chefs durch ihre Transparenz.
- Ali erhielt eine Beförderung, da er als vertrauenswürdig galt.
- Hanan baute ein starkes Team durch ehrliche Führung auf.

8. Kulturelle Empathie zeigen

Hinweis: Respektiere und verstehe die Vielfalt in deinem Umfeld.

Umsetzung:

- Informiere dich über die kulturellen Hintergründe deiner Kollegen.
- Zeige Respekt vor Traditionen und Überzeugungen.
- Fördere ein inklusives Arbeitsklima.

Beispiele:

- Faisal baute starke Beziehungen zu internationalen Kunden auf.
- Rana förderte eine positive Teamdynamik durch Empathie.
- Basim erhielt Anerkennung für seine interkulturelle Kompetenz.

9. Dankbarkeit und Wertschätzung

Hinweis: Zeige Dankbarkeit für die Arbeit anderer, um positive Beziehungen zu fördern.

Umsetzung:

- Bedanke dich regelmäßig bei Kollegen.
- Anerkenne öffentlich die Erfolge anderer.
- Sei unterstützend und hilfsbereit.

Beispiele:

- Jamal stärkte sein Team durch regelmäßige Anerkennung.
- Hiba schrieb Dankesnachrichten an ihre Mentoren.
- Zayna lobte ihre Mitarbeiter in Team-Meetings.

10. Persönliches Wachstum fördern

Hinweis: Kontinuierliches Lernen ist der Schlüssel zur Weiterentwicklung.

Umsetzung:

- Besuche Weiterbildungen oder Seminare.
- Lies Fachliteratur und entwickle neue Fähigkeiten.
- Suche nach Feedback und implementiere es.

Beispiele:

- Farah lernte eine neue Sprache und erweiterte ihr Geschäft.
- Adnan absolvierte ein Leadership-Training und stieg auf.
- Noor schrieb sich für einen Kurs ein, der ihre Fähigkeiten stärkte.

Khalids Weg zum Erfolg:

Khalid, ein 35-jähriger Manager aus der arabischen Welt, fühlte sich nach Jahren in derselben Position festgefahren. *„Ich wusste, dass ich etwas verändern musste"*, erinnert sich Khalid. Doch anstatt auf eine Gelegenheit zu warten, entschied er sich, aktiv zu handeln.

Als sich die Möglichkeit ergab, ein schwieriges Projekt zu übernehmen, zögerte Khalid zunächst. „Es war riskant, aber ich wusste, dass es meine Chance war, zu zeigen, was ich kann." Mit Unterstützung seiner Familie, die ihm Mut zusprach und an ihn glaubte, nahm er die Herausforderung an. Khalid baute sein berufliches Netzwerk aus, lernte von Mentoren und investierte Zeit, um neue Führungsfähigkeiten zu entwickeln.

Innerhalb eines Jahres wurde Khalid zum regionalen Direktor befördert. Sein Projekt erhielt internationale Anerkennung, und er wurde zu einer Inspirationsquelle für Kollegen und junge Führungskräfte in seiner Firma. „Mein Erfolg ist nicht nur meiner Arbeit zu verdanken. Es ist auch der Rückhalt meiner Familie, die immer an mich geglaubt hat", sagt Khalid. Heute ist er ein Vorbild, das zeigt, wie Entschlossenheit, harter Einsatz und familiäre Unterstützung einen auf die nächste Ebene bringen können.

Leilas Transformation:

Leila, eine 29-jährige Marketingexpertin aus der arabischen Welt, war fest entschlossen, in ihrer Branche Spuren zu hinterlassen. Doch es war nicht immer einfach. *„In Meetings wurde ich oft übersehen. Ich musste lernen, mich selbstbewusst einzubringen"*, erzählt sie.

Leila begann, sich auf die Prinzipien effektiver Kommunikation und proaktiven Handelns zu konzentrieren. Sie führte innovative Marketingstrategien ein, die den Umsatz ihres Unternehmens um beeindruckende 25 % steigerten. „Ich wollte nicht nur Ergebnisse liefern, sondern auch zeigen, dass Frauen in der arabischen Geschäftswelt eine starke Stimme trotz ihrer beruflichen Ambitionen war Leilas Familie immer ein wichtiger Bestandteil ihres Lebens. „Ohne den Rückhalt meiner Familie hätte ich diesen Weg nicht gehen können. Sie gaben mir den Mut, Hindernisse zu überwinden", sagt sie. Heute leitet Leila ein Team von 20 Personen und inspiriert Frauen in ihrer Region, die glauben, dass Erfolg in der Geschäftswelt und familiäre Werte nicht vereinbar sind. „Ich hoffe, meine Geschichte zeigt anderen, dass man beides haben kann – eine erfüllende Karriere und ein starkes Familienleben."

2.4 Fürsorge und Vertrauen: Dein Weg zu tiefgründigen Beziehungen im arabischen Kontext

„In einer Beziehung braucht es mehr als Worte. Es erfordert Taten, die das Vertrauen stärken, das Herz beruhigen und der Seele Frieden bringen." – **Mohammed bin Rashid Al Maktoum**, *VAE*

In einer Welt, die oft von Hektik und oberflächlichen Interaktionen geprägt ist, zeigt dieses Buch dir, wie du als arabischer Gentleman tiefgründige und bedeutungsvolle Beziehungen aufbaust – in der Familie, im Beruf und in deinem sozialen Umfeld.

Mit einer klaren und praktischen Anleitung wirst du lernen, wie du Respekt, Vertrauen und Fürsorge als fundamentale Werte in deinem Alltag integrierst. In einer Zeit, in der viele nach echten Verbindungen suchen, wirst du zum wahren

Vorbild für andere – nicht nur in deinem persönlichen Umfeld, sondern auch in deiner beruflichen Welt.

Deine Reise zum wahren Gentleman

- Nach mehr Respekt in deinen Beziehungen strebst.
- Deine Werte und Traditionen modern und wirkungsvoll umsetzen möchtest.
- Dein Ansehen in der arabischen Gemeinschaft und darüber hinaus aufbauen möchtest.

Beispielhafte Szenarien, wie du als arabischer Gentleman glänzen kannst

1. Ruhe bewahren im Berufsalltag

Du hast einen stressigen Arbeitstag, und mehrere Projekte laufen gleichzeitig. Anstatt die Nerven zu verlieren, bewahrst du Ruhe, teilst klare Aufgaben auf und motivierst dein Team, gemeinsam Lösungen zu finden. Dein besonnenes Handeln steigert die Produktivität und das Vertrauen deiner Kollegen.

2. Einfühlsam auf Familienkonflikte reagieren

Ein Familienmitglied ist wütend oder enttäuscht. Anstatt den Konflikt zu verschärfen, hörst du aufmerksam zu, verstehst die Perspektive des anderen und bietest eine Lösung an.

Deine Geduld und Weisheit stärken die familiären Bindungen und lassen dich als Vorbild wirken.

3. Erfolgreiche Verhandlungen führen

In einem wichtigen Geschäftsgespräch zeigst du Geduld, höfliche Stärke und klare Argumente. Deine Professionalität und dein Respekt beeindrucken dein Gegenüber und führen nicht nur zu einem erfolgreichen Abschluss, sondern auch zu langfristigem Vertrauen.

4. Unterstützung für Kollegen anbieten

Ein Kollege kämpft mit einer herausfordernden Aufgabe. Du bietest deine Unterstützung an und teilst dein Wissen, ohne dich aufzudrängen. Deine Großzügigkeit stärkt die Arbeitsbeziehung und hinterlässt einen bleibenden Eindruck.

5. Harmonie bei einem Familientreffen schaffen

Wenn Spannungen bei einem Familientreffen aufkommen, greifst du ein und lenkst das Gespräch auf eine positive und harmonische Ebene. Deine Weisheit und dein ruhiger Ton fördern den Frieden und zeigen deine Führungsqualitäten.

6. Respektvolle Kommunikation mit schwierigen Kunden

Ein Kunde ist unzufrieden, doch du bleibst ruhig, hörst zu und findest eine Lösung. Deine Gelassenheit und Professionalität zeigen deine Klasse als Gentleman und stärken deine Geschäftsbeziehungen.

7. Großzügigkeit im Alltag leben

Im Alltag bemerkst du jemanden, der Hilfe benötigt – ob ein Nachbar oder ein Fremder. Du hilfst spontan und ohne Gegenleistung. Solche Taten zeigen deinen wahren Charakter.

8. Wertschätzung im Berufsleben zeigen

Ein Teammitglied übertrifft die Erwartungen. Du lobst seine Leistung vor anderen, was die Moral und die Teamdynamik stärkt. Dein Einsatz für Anerkennung zeigt deine Führungsqualitäten.

9. Geduld im Straßenverkehr: Stärke durch Selbstbeherrschung

Ein Fahrer drängt sich plötzlich vor dir und schneidet dich. Anstatt mit Aggression zu reagieren, behältst du die Ruhe und lässt dich nicht aus der Fassung bringen. Du vermeidest eine Eskalation und zeigst, dass wahre Stärke nicht in impulsiven Reaktionen liegt, sondern in der Fähigkeit, ruhig und kontrolliert zu bleiben. Diese Geduld im Straßenverkehr ist ein kraftvolles Zeichen für deinen Charakter – sie beweist Selbstbeherrschung und vermittelt eine respektvolle Haltung, die in der hektischen Welt von heute immer seltener wird.

10. Inspirierend für die nächste Generation handeln

Ein junger Verwandter teilt seine Unsicherheiten mit dir. Du hörst ihm aufmerksam zu, teilst deine Erfahrungen und motivierst ihn, an sich zu glauben. Deine Worte können ein Leben verändern.

Praktische Tipps für den Alltag, die dir als arabischer Gentleman helfen, in verschiedenen Lebensbereichen zu glänzen:

Zuhören: Höre aktiv zu und schenke dem Gesprächspartner deine volle Aufmerksamkeit. Achte auf seine Worte, Körpersprache und Gefühle, um echte Verbindung aufzubauen.

Wertschätzung zeigen: Sei großzügig mit deinem Lob und erkenne die Leistungen der anderen an. Ein Einfaches „Gut gemacht" kann die Moral stärken und positive Beziehungen fördern.

Verlässlichkeit: Halte deine Versprechen und sei pünktlich – Vertrauen wird dadurch aufgebaut. Verlässlichkeit ist das Fundament jeder starken Beziehung.

Großzügigkeit: Teile deine Zeit, dein Wissen und deine Hilfe, um anderen zu dienen und eine tiefere Verbindung zu schaffen. Deine Großzügigkeit wird oft in Form von Dankbarkeit zurückgegeben.

Geduld üben: Sei geduldig in Konfliktsituationen, sowohl bei der Arbeit als auch zu Hause. Geduld hilft, Konflikte ruhig und konstruktiv zu lösen.

Verantwortung übernehmen: Übernehme Verantwortung für deine Handlungen und entschuldige dich, wenn du Fehler machst. Ehrlichkeit und Demut sind Zeichen eines wahren Gentlemans.

Respekt gegenüber Älteren: Achte und ehre ältere Menschen in deinem Leben. Sei höflich und aufrichtig in deiner Kommunikation mit ihnen.

Hilfsbereitschaft: Sei bereit, anderen zu helfen, auch wenn es dir Mühe bereitet. Die Bereitschaft, für andere da zu sein, zeigt deine wahre Stärke.

Selbstdisziplin: Übe Selbstdisziplin in deinen täglichen Gewohnheiten – sei es bei der Arbeit, beim Sport oder im Umgang mit deinen Emotionen. Disziplin ist der Schlüssel zum Erfolg.

Empathie zeigen: Versetze dich in die Lage anderer und zeige Verständnis. Empathie hilft, tiefe und bedeutungsvolle Verbindungen zu schaffen.

Offenheit für Kritik: Sei offen für konstruktive Kritik und nutze sie, um dich zu verbessern. Akzeptiere, dass niemand perfekt ist und jeder die Möglichkeit hat, zu wachsen.

Verantwortungsbewusstsein gegenüber der Familie: Sorge für deine Familie und übernimm Verantwortung für deren Wohlergehen. Achte auf die Bedürfnisse deiner Liebsten und sei immer für sie da.

Dankbarkeit zeigen: Zeige regelmäßig Dankbarkeit für die Dinge, die du hast – sei es durch kleine Gesten oder Worte des Dankes. Dankbarkeit stärkt das Wohlgefühl und die Beziehungen zu anderen.

Ehrlichkeit: Sei immer ehrlich, auch wenn es schwierig ist. Ehrlichkeit zeigt deinen inneren Charakter und schafft Vertrauen bei den Menschen um dich herum.

Mentor sein: Unterstütze jüngere oder unerfahrenere Menschen auf ihrem Weg. Sei ein Mentor, der mit Weisheit und Geduld hilft, damit sie ihre Ziele erreichen können.

Gute Manieren: Achte auf deine Höflichkeit und gute Manieren in jeder Situation. Ein Gentleman lässt immer einen guten Eindruck hinter, egal, mit wem er spricht.

Verzeihen können: Lerne, anderen zu vergeben, wenn sie Fehler gemacht haben. Vergebung zeigt deine Stärke und hilft dir, in Frieden zu leben.

Körpersprache: Achte auf deine Körpersprache – ein fester Händedruck, ein offenes Lächeln und aufrechter Gang können dir helfen, selbstbewusst und respektvoll zu wirken.

Gute Kommunikation: Drücke dich klar und respektvoll aus. Vermeide Missverständnisse, indem du deine Worte mit Bedacht wählst und immer die Perspektive des anderen berücksichtigst.

Höflichkeit im Straßenverkehr: Zeige auch im Straßenverkehr Geduld und Höflichkeit. Ein Gentleman lässt sich nicht von Stress oder Ärger beeinflussen und verhält sich stets respektvoll gegenüber anderen Fahrern.

*Inspirierende Weisheiten aus der arabischen Tradition, die die Bedeutung von **Charakter, Ehre und Weisheit** betonen. Diese Sprichwörter und Prinzipien können dir helfen, als arabischer Gentleman zu glänzen:*

„Al-Insān bī-sharafihi wa ka-ramihi" – „Ein Mensch wird durch seine Ehre und Großzügigkeit definiert."

Wahre Größe zeigt sich nicht nur in Erfolgen, sondern in der Art und Weise, wie wir uns und andere behandeln.

„Man la yurīdu al-jannah yujahidu fi-sabilillāh" – „Wer das Paradies erreichen möchte, muss im Streben nach Wohlstand und Gerechtigkeit arbeiten."

Strebe nach Erfolg und Wohlstand nicht nur für dich, sondern um die Welt zu einem besseren Ort zu machen.

„Al-'ilm noor wa man lam ya'rifu al-'ilm 'ishu fi-l-zulumat" – „Wissen ist Licht, und wer es nicht kennt, lebt in Dunkelheit."

Suche immer nach Wissen, denn es wird dir den Weg erleuchten und dir helfen, als kluger und weiser Gentleman zu agieren.

„Aftalu-l-'amal aqalluhu wa aktharuhu" – „Die besten Taten sind die, die am wenigsten Lärm machen und viele Menschen erreichen."

Wahre Großzügigkeit und Güte müssen nicht laut verkündet werden; sie zeigen sich in den stillen, konsequenten Handlungen.

„At-tawadu' yurfi' al-'aziz wa-l-mu'taz" – „Demut erhebt den, der stolz ist."

Wer wahre Größe besitzt, braucht keinen Stolz, um Anerkennung zu finden. Demut führt zu wahrer Ehre.

„Idhā fa'altu al-khayr fa-'amiltu bihī wa-lā tabhadhiluhu" – „Wenn du Gutes tust, tue es ohne Erwartung."

Wahre Güte kommt nicht mit Erwartungen, sondern ist ein natürlicher Ausdruck deines Charakters und deines inneren Friedens.

„Al-'aql ra'su-l-'ilm wa al-'ilm ra'su-l-hikma" – „Der Verstand ist der Kopf des Wissens, und Wissen ist der Kopf der Weisheit."

Weisheit kommt aus der Verbindung von Wissen und klugem Handeln. Lerne, beides zu kombinieren.

„Man zaara'a riyādan najah" – „Wer einen guten Samen sät, wird ernten."

Deine Taten heute sind der Samen für den Erfolg, den du morgen ernten wirst. Handle weise und mit Bedacht.

„As-sabr 'ind al-bala'' laqā'" – *„Geduld im Angesicht von Prüfungen ist der wahre Triumph."*

In schwierigen Zeiten zeigt sich wahre Stärke. Geduld ist die Tugend, die uns hilft, Herausforderungen zu überwinden.

„Iza 'amiltu amalan fa'amalu wa-'alayhi ma nashir" – *„Wenn du eine gute Tat machst, dann tue sie mit Ehrlichkeit und Hingabe."*

Die Art, wie du eine gute Tat vollbringst, ist genauso wichtig wie die Tat selbst. Tue alles mit Reinheit und Hingabe.

*Diese Weisheiten aus der arabischen Tradition bieten dir nicht nur tiefgründige Einblicke in **Ehre, Weisheit und Charakter**, sondern auch **praktische Inspiration**, um diese Prinzipien im modernen Leben umzusetzen. Sie erinnern dich daran, dass wahre Größe aus dem Inneren kommt und durch deine Handlungen im Alltag sichtbar wird.*

Reflektiere und wachse:

- Welche Beziehungen möchtest du vertiefen?
- Wie kannst du durch Fürsorge und Vertrauen dein Leben bereichern?
- Was bedeutet es für dich, ein wahrer arabischer Gentleman zu sein?

Das ist der Schlüssel zu einer erfüllteren, respektvolleren und erfolgreicheren Zukunft. Es hilft dir, als arabischer

Gentleman zu glänzen – und das nicht nur in deiner Familie, sondern in jeder Lebenssituation.

Entdecke, wie du die beste Version deiner selbst wirst, tiefgründige Verbindungen aufbaust und in deinem Umfeld Respekt und Vertrauen erweckst.

KAPITEL 3: Frauen bewundern ihn, Männer respektieren ihn: Werde zum modernen Gentleman!

„Wahre Stärke zeigt sich nicht in der Macht, die man über andere hat, sondern in der Fähigkeit, Vertrauen und Respekt zu gewinnen und zu bewahren." – **Omar Mukhtar***, Libyen*

Hast du jemals das Gefühl gehabt, dass Erfolg und Respekt schwer zu vereinen sind? Dass Beziehungen tiefer und bedeutungsvoller sein könnten, wenn du nur wüsstest, wie?

Viele Männer stehen vor der Herausforderung, in einer schnelllebigen Welt das Gleichgewicht zwischen Stärke und Mitgefühl, zwischen Erfolg und echter Verbundenheit zu finden. Doch genau hier liegt das Geheimnis des modernen Gentlemans: Er ist ein Mann, der nicht nur beeindruckt, sondern inspiriert – in seinem Zuhause, bei der Arbeit und in der Gesellschaft.

Und Frauen? Sie bewundern diesen Mann nicht nur, sie erkennen auch, wie wertvoll er ist. Als Frau erkennst du den wahren Wert eines Mannes daran, wie er mit anderen umgeht – mit Mitgefühl, Respekt und Geduld. Ein Mann, der mit Empathie und Respekt handelt, ist nicht nur ein Partner, sondern ein Fels in jeder Beziehung.

Dieser Mann lebt traditionelle Werte, die tief in der arabischen Kultur verwurzelt sind: Er ist der Beschützer, der mit Weisheit und Stärke führt, in der Familie Verantwortung übernimmt und für die Menschen, die er liebt, ein Fels ist. Frauen sehen in ihm nicht nur einen Partner, sondern einen wahren Führer – sowohl im privaten Bereich als auch in der Gesellschaft. Der moderne Gentleman ist ein Mann, der sich bewusst ist, wie wichtig es ist, sowohl in seiner Karriere als auch in seiner Gemeinde Verantwortung zu tragen.

3.1 Das arabische Erbe und die Bedeutung von Weisheit und Verantwortung:

Das arabische Erbe lehrt uns, dass wahre Größe nicht nur in äußeren Erfolgen zu finden ist, sondern vor allem in der Art und Weise, wie ein Mann seine Verantwortung gegenüber seiner Familie, seinem Volk und seiner Gemeinschaft wahrnimmt. In der Geschichte gibt es zahlreiche Beispiele für Männer, die durch ihre Weisheit und Fürsorglichkeit zu wahren Helden wurden.

„Vertrauen ist das Fundament jeder erfolgreichen Beziehung. Ohne Vertrauen gibt es keine wahre Verbindung, weder zwischen Menschen noch zwischen Nationen." – **Sheikh Zayed bin Sultan Al Nahyan**, *VAE*

Geschichtliche Beispiele aus der arabischen Kultur

Imam Ali: Der erste Imam des schiitischen Islam und der vierte Kalif war nicht nur ein Krieger, sondern vor allem ein weiser Führer, der für seine Gerechtigkeit und Fürsorglichkeit bekannt war. Seine berühmte Aussage *„Der stärkste Mensch ist der, der sich selbst kontrolliert, wenn er zornig ist"* zeigt, wie Weisheit und Fürsorglichkeit miteinander verbunden sind. Ein wahrer Gentleman ist nicht nur stark in der Schlacht, sondern auch in seinem Inneren.

„Die wahre Stärke liegt nicht im Zorn, sondern in der Fähigkeit, ihn zu beherrschen. Ein wahrer Gentleman ist der, der sich selbst zügelt und mit Weisheit und Fürsorglichkeit handelt, selbst in den schwierigsten Momenten."

„Der größte Sieg ist nicht der, der die Schlacht gewinnt, sondern der, der sich selbst gewinnt. Nur wer in der Lage ist, mit Weisheit und Empathie zu handeln, wird ein wahrer Führer in der Gesellschaft."

Saladin (Salah ad-Din): Der Sultan, der Jerusalem zurückeroberte, zeigte in den entscheidenden Momenten seines Lebens, dass wahre Stärke in der Gnade und Menschlichkeit liegt. Nach der Rückeroberung Jerusalem behandelte er die Gefangenen der Kreuzritter mit Respekt und ließ sie mit Würde und Menschlichkeit gehen – ein Verhalten, das ihn zu einem wahren Helden machte.

„Wahre Größe zeigt sich nicht in der Macht, sondern in der Gnade. Ein echter Gentleman ist der, der in den entscheidenden Momenten Menschlichkeit zeigt und auch denjenigen mit Respekt behandelt, die ihm gegenüber feindlich gesinnt waren."

„Die Stärke eines Mannes misst sich nicht an seinen Kriegen, sondern daran, wie er sich in Frieden und Mitgefühl gegenüber anderen verhält. Ein wahrer Gentleman führt mit Herz und Verstand."

Khalid ibn al-Walid: Als einer der größten Generäle der islamischen Geschichte zeigte Khalid nicht nur militärische Brillanz, sondern auch eine bemerkenswerte Fürsorglichkeit gegenüber seinen Truppen. In der Schlacht von Yarmouk sorgte er dafür, dass jeder Soldat mit Respekt behandelt und in schwierigen Momenten unterstützt wurde.

„Ein wahrer Führer sorgt nicht nur für den Sieg, sondern auch für das Wohl seiner Gefährten. In jeder Schlacht mag der Soldat kämpfen, aber es ist der Gentleman, der die Herzen seiner Truppen gewinnt und sie mit Respekt und Fürsorglichkeit führt."

„Militärische Brillanz ist nur ein Teil der Führung. Die wahre Kunst eines Generals liegt darin, mit Fürsorglichkeit und Respekt zu führen, um nicht nur Siege zu erringen, sondern auch das Vertrauen seiner Männer zu gewinnen."

Die Zitate von diesen drei historischen Persönlichkeiten unterstreichen die Verbindung zwischen Weisheit, Fürsorglichkeit und Führung, die der moderne Gentleman in der arabischen Kultur verkörpern soll. Sie betonen, dass wahre Stärke nicht nur in der äußeren Handlung, sondern auch in der inneren Kontrolle und der Art, wie man mit anderen umgeht, liegt.

Ein moderner Gentleman sollte sich an diesen Vorbildern orientieren.

1. Verstehen statt reden.

Die meisten hören zu, um zu antworten – du hörst zu, um zu verstehen. Ein einfacher Satz wie „Erzähl mir mehr" zeigt echtes Interesse und schafft Vertrauen, ob im Job, in der Beziehung oder bei einem Familienessen, bei dem die Meinungen aufeinandertreffen.

Beispiel aus der arabischen Kultur: Imam Ali ibn Abi Talib, der vierte Kalif und Schwiegersohn des Propheten-Muhammad (Frieden sei mit ihm), war bekannt für seine Weisheit und seine Fähigkeit zuzuhören. In seinen berühmten „Nahj al-Balagha"-Sammlungen finden sich zahlreiche Aussagen, die aufzeigen, wie wichtig es ist, zuzuhören, bevor man handelt. Imam Ali sagte einmal: *„Wer zuhört, wird weiser."* Diese Haltung machte ihn zu einem respektierten Führer und zu einem Vorbild für alle, die Weisheit und Verständnis suchen.

2. Spüre, was andere brauchen.

Emotionale Intelligenz ist wie ein sechster Sinn: Du erkennst, wann jemand Unterstützung oder ein aufmunterndes Wort braucht. Dieses Einfühlungsvermögen macht dich unwiderstehlich – beruflich wie privat. Sei der Freund, der bei Schwierigkeiten aufmunternde Worte findet, oder der Bruder, der merkt, wann jemand einfach nur zuhören muss.

Beispiel aus der arabischen Kultur: Der Prophet Muhammad (Frieden sei mit ihm) zeigte in seinem Leben die höchste Form der Empathie. Eine der bekanntesten Geschichten ist, wie er eine Frau tröstete, deren Sohn gestorben war. Sie hatte es nicht sofort erkannt, aber als sie später den Propheten um Hilfe bat, sagte er: „Was du fühlst, ist normal, und du bist nicht allein." Diese Demonstration von Fürsorglichkeit und Mitgefühl machte ihn zu einem der bewunderten Führer der arabischen Welt.

3. Lass Taten für dich sprechen.

Ein Gentleman lebt, was er sagt. Eine Tür öffnen, ein ehrliches Kompliment machen oder einfach präsent sein – es sind die kleinen Dinge, die große Wirkung haben. Besonders in der Familie oder in engen Freundschaften zeigen diese Gesten deinen wahren Charakter.

Beispiel aus der arabischen Kultur: Khalid ibn al-Walid, auch als „Schwert des Islams" bekannt, führte zahlreiche Schlachten, aber er wurde nicht nur für seine Tapferkeit berühmt, sondern auch für seine Hingabe zu seiner Gemeinschaft. Eine seiner größten Stärken war, dass er sich um das Wohl seiner Soldaten kümmerte und stets in den schwierigsten Momenten mit gutem Beispiel voranging. Dieser selbstlose Einsatz machte ihn zu einem Vorbild, sowohl in seiner Gemeinschaft als auch im gesamten islamischen Reich.

4. Bleib ruhig, auch wenn's schwierig wird.

Konflikte? Ein echter Gentleman wird nicht laut, sondern bleibt respektvoll und lösungsorientiert. Stärke zeigt sich, wenn du in schwierigen Momenten Ruhe bewahrst. Menschen erinnern sich an deine Haltung – vor allem in der Familie, wo Zusammenhalt besonders zählt.

Beispiel aus der arabischen Kultur: Saladin, der berühmte Sultan und Eroberer, zeigte in der Schlacht von Hattin und im Umgang mit den Kreuzfahrern eine außergewöhnliche Ruhe. Trotz der erbitterten Feindseligkeit blieb er respektvoll und suchte nach Lösungen, die sowohl Frieden als auch Ehre bewahrten. Saladin wurde nicht nur für seine militärische Genialität respektiert, sondern auch für seine Fähigkeit, Ruhe und Mitgefühl inmitten von Konflikten zu bewahren.

„Ein wahrer Sieger ist derjenige, der in der Lage ist, seinen Feind mit Respekt und Gnade zu behandeln." – Saladin (Sultan von Ägypten und Syrien)

5. Sei charmant, ohne aufdringlich zu sein.

Ein humorvoller Kommentar oder ein Lächeln zur richtigen Zeit – das macht dich zugänglich und sympathisch. Humor verbindet, solange er niemals auf Kosten anderer geht.

Beispiel aus der arabischen Kultur: Der Dichter Al-Mutanabbi ist für seine scharfsinnigen und humorvollen Verse berühmt. Seine Worte waren nicht nur weise, sondern auch mit einer Leichtigkeit versehen, die seine Zuhörer in der arabischen Welt fesselten. Humor in der richtigen Situation, ohne Schaden zu verursachen, ist eine Kunst, die sowohl als Gentleman als auch als charismatischer Führer von Bedeutung ist.

Erfolg im beruflichen Umfeld: Der Gentleman als Führungspersönlichkeit

In der arabischen Welt wird beruflicher Erfolg nicht nur durch Wissen und Fähigkeiten gemessen, sondern auch durch Integrität und Verantwortungsbewusstsein. Der moderne Gentleman führt mit Weisheit und Empathie, was ihn zu einem respektierten und erfolgreichen Akteur in seinem beruflichen Umfeld macht.

Beispiel aus der arabischen Welt: Nehmen wir den erfolgreichen Unternehmer und Philanthropen **Sheikh Mohammed bin Rashid Al Maktoum**, der nicht nur als Emir von Dubai bekannt ist, sondern auch für seine Vision, Führungsstärke und den Aufbau einer modernen Wirtschaft. Seine Fähigkeit, Verantwortung zu übernehmen und für seine Gemeinschaft zu sorgen, hat ihn in der Region zu einer bewunderten Persönlichkeit gemacht. Er ist ein Vorbild für diejenigen, die den modernen Gentleman in der Geschäftswelt verkörpern möchten – jemand, der sowohl beruflichen Erfolg hat als auch ethische Verantwortung übernimmt.

Nutze die Prinzipien des modernen Gentlemans für deinen Erfolg:

Die Prinzipien des modernen Gentlemans sind nicht nur ideal für ein besseres Leben – sie sind auch eine kraftvolle Strategie für beruflichen Erfolg und soziale Anerkennung. Das Buch „Warum Gentlemen von der alten Schule in der modernen Welt glänzen" zeigt dir, wie du diese Prinzipien direkt in deinem Alltag umsetzt, um in deiner Karriere und deinem sozialen Umfeld zu glänzen. Du wirst lernen, wie du deine Führungsqualitäten stärkst, respektvolle Beziehungen aufbaust und echte Bewunderung gewinnst – sowohl von Frauen als auch von Männern.

„Die Grundlage des Erfolgs ist Vertrauen und gegenseitiger Respekt. Wenn wir diese beiden Prinzipien pflegen, bauen wir starke, gesunde Beziehungen auf." **– Mohammed bin Rashid Al Maktoum**, *VAE*

VORTEILE des modernen Gentlemans im sozialen Kontext:

Respekt in der Gemeinschaft: Der moderne Gentleman wird in seiner Gemeinde als Vorbild angesehen, da er sowohl im persönlichen als auch im beruflichen Leben mit Anstand und Weisheit handelt.

Starke Familienbande: In arabischen Kulturen ist der Mann das Rückgrat der Familie. Ein Gentleman übernimmt Verantwortung und stärkt die Familienverbindungen.

Führungsstärke: Männer, die als Gentlemen agieren, sind natürliche Führungspersönlichkeiten, die mit Weisheit und Empathie leiten.

Wertschätzung von Frauen: Ein Gentleman zeigt Frauen Respekt und Fürsorge, was zu starken, respektvollen Beziehungen führt.

Verlässlichkeit: In der Familie und im Freundeskreis wird der Gentleman als jemand angesehen, auf den man sich immer verlassen kann.

Anerkennung in der Gesellschaft: Der moderne Gentleman wird sowohl in arabischen als auch westlichen Kulturen für seine moralischen Werte und seine ruhige, lösungsorientierte Haltung geschätzt.

Empathie und Mitgefühl: Diese Eigenschaften machen ihn zu einem wertvollen Freund und Partner, der das Vertrauen anderer gewinnt.

Mentor für die nächste Generation: Ein Gentleman dient als Vorbild und Mentor für junge Männer, die von seinem Verhalten lernen können.

Tägliche Stärke: Seine Fähigkeit, auch in schwierigen Momenten ruhig und respektvoll zu bleiben, verschafft ihm die Anerkennung seiner Umgebung.

Humor als Brücke: Ein Gentleman nutzt Humor, um Verbindungen zu stärken und eine positive Atmosphäre zu schaffen.

Beginne noch heute damit, diese zeitlosen Werte umzusetzen. Der Erfolg, den du dir wünschst, liegt in deinen Händen –

als Gentleman wirst du nicht nur bewundert, sondern auch respektiert und anerkannt.

Werde der Mann, den man nicht nur bewundert, sondern auch schätzt. Dein Erfolg beginnt jetzt – starte deine Reise!

3.2 Warum arabische Gentlemen in der modernen Welt glänzen: Dein Weg zu Respekt, Erfolg und Anerkennung

„Derjenige, der den Respekt eines anderen nicht währt, wird nie wirklich Respekt finden." – **Imam Ali**, *Irak*

In einer Welt, die oft von schnellen Entscheidungen und digitalen Medien geprägt ist, sind Werte wie Respekt, Weisheit und Fürsorglichkeit mehr als nur schöne Worte – sie sind der Schlüssel zu wahrem Erfolg.

Dieses Buch gibt dir die Werkzeuge, um als arabischer Gentleman oder als starke arabische Frau in der modernen Welt zu glänzen.

Von geschäftlichen Verhandlungen bis hin zur Familienführung lernst du, wie du durch Weisheit, Integrität und emotionale Intelligenz Respekt und Erfolg erlangst – in jeder Lebenslage.

Glänze in einer Welt, die sich verändert, ohne deine Werte zu verlieren

Die arabische Kultur ist reich an Werten wie Respekt, Weisheit und Verantwortung. Doch wie bewahrst du diese Prinzipien in einer modernen, schnelllebigen Welt? Dieses Buch zeigt dir den Weg, Tradition und Innovation zu vereinen – für deinen Erfolg in Familie, Beruf und Gesellschaft.

Was wirst du lernen?

- **Mit Stärke und Respekt aufzutreten** – sei es in geschäftlichen Verhandlungen oder im Familienkreis.
- **Emotionale Intelligenz zu entwickeln**, um tiefere, bedeutungsvollere Beziehungen zu führen und beruflich zu wachsen.
- **Verantwortung zu übernehmen**, um als wahrer arabischer Gentleman oder als respektierte arabische Frau Anerkennung zu gewinnen.

Stell dir vor, wie du:

- Ein Geschäftstreffen betrittst, bei dem deine Partner dich für deine Weisheit und Authentizität bewundern.
- In deiner Familie als Vorbild für Fürsorge und Stärke respektiert wirst.

- In der Gesellschaft als eine Person wahrgenommen wirst, die Tradition und Moderne meisterhaft vereint.

Warte nicht länger – die Zeit ist jetzt! Dieses Buch ist deine Chance, den Schlüssel zu Respekt, Erfolg und persönlicher Erfüllung zu entdecken.

Tipp für den Alltag: Achte auf deine Worte und Taten – Sie machen den Unterschied!

Deine Worte und Taten sind dein Vermächtnis – wähle sie mit Bedacht.

Die Worte, die du sagst, und die Taten, die du vollbringst, sind der Spiegel deines Charakters. Sie prägen, wie du von anderen wahrgenommen wirst und können den Unterschied zwischen Erfolg und Misserfolg ausmachen. Dies gilt nicht nur in deinem persönlichen Umfeld, sondern auch in deiner Karriere und in der sozialen Hierarchie deiner Gemeinschaft. Achte bewusst auf deine Kommunikation – sowohl verbal als auch nonverbal – und setze diese Prinzipien als Grundlage für deinen Erfolg.

1. Deine Worte – dein stärkstes Werkzeug

Die Macht der Worte ist unermesslich, besonders in der arabischen Kultur, die eine lange Tradition der Rhetorik und des

Dialogs hat. Denke an historische Persönlichkeiten wie Imam Ali, dessen Weisheit und Ausdruckskraft durch seine Worte Generationen von Arabern beeinflussten. Er sagte: *„Der stärkste Mensch ist der, der sich selbst kontrolliert, wenn er zornig ist."* Dieses Zitat verdeutlicht, dass wahre Stärke und Respekt nicht durch lautstarke Worte, sondern durch Weisheit und Kontrolle über die eigenen Emotionen geprägt sind.

In der modernen arabischen Geschäftswelt ist es ebenso wichtig, mit Bedacht zu sprechen. Erfolgreiche Führungspersönlichkeiten wie Mohammed bin Salman, der saudische Kronprinz, haben gezeigt, wie man mit klarer Kommunikation und visionären Zielen internationale Anerkennung erhält. Ein arabischer Gentleman in der Geschäftswelt bleibt ruhig und respektvoll, selbst in den schwierigsten Verhandlungen, und gewinnt dadurch das Vertrauen seiner Geschäftspartner.

2. Taten sprechen lauter als Worte

Die Werte eines arabischen Gentlemans sind nicht nur in seinen Worten, sondern auch in seinen Taten sichtbar. In der Geschichte waren es nicht nur die Worte von Saladin nach der Rückeroberung Jerusalems, die ihn berühmt machten, sondern auch seine Taten der Gnade und des Respekts.

Nachdem er die Stadt befreite, behandelte er die besiegten Kreuzritter mit Anstand und gewährte ihnen sichere Passage – ein Handeln, das weit über die Erwartungen hinausging und von den Menschen bewundert wurde.

In der heutigen arabischen Geschäftswelt wird der moderne Gentleman nicht nur durch seine Worte geschätzt, sondern vor allem durch seine Fähigkeit, Verantwortung zu übernehmen und sein Wort in die Tat umzusetzen.

Naguib Sawiris, ein ägyptischer Unternehmer, ist ein weiteres Beispiel für den Erfolg eines Gentlemans, der Integrität und Verantwortung in seiner Arbeit zeigt. Wenn du als arabischer Gentleman anerkannt werden möchtest, musst du nicht nur sprechen, sondern durch Taten deine Verpflichtungen einhalten.

3. Respektiere dich selbst und andere

Ein wahrer Gentleman respektiert nicht nur andere, sondern auch sich selbst. Diese Haltung hat tiefgreifende Auswirkungen auf alle Lebensbereiche – besonders in arabischen Gemeinschaften, in denen das soziale Netzwerk von entscheidender Bedeutung ist. Männer, die sich selbst respektieren, schaffen Vertrauen und Respekt bei anderen.

Khalid ibn al-Walid (r.a.), ein legendärer General, verstand es, das Vertrauen und den Respekt seiner Truppen zu gewinnen. In der Schlacht von Yarmouk zeigte er außergewöhnliche Fürsorglichkeit, indem er sicherstellte, dass jeder Soldat – von den niedrigsten Rängen bis zum höchsten Offizier – mit Respekt behandelt wurde. In der modernen arabischen Gesellschaft zeigt ein erfolgreicher Unternehmer oder Führungskraft genauso Fürsorglichkeit, indem er auf das Wohlergehen seines Teams achtet und sie respektvoll führt. Denke an Ahmed Zewail, den ägyptischen Nobelpreisträger, der seine Kollegen und Mitmenschen stets mit Achtung und Fairness behandelte.

4. Humor als verbindendes Element

Humor ist eine wertvolle Fähigkeit, die auch im arabischen Kontext geschätzt wird. Ein humorvoller Kommentar zur richtigen Zeit kann Spannungen lösen und das Vertrauen stärken. Doch wie bei allen Dingen sollte Humor nie auf Kosten anderer gehen. Nutze Humor als verbindendes Element, um Beziehungen zu stärken und zu pflegen – sei es im persönlichen Umfeld oder im Beruf.

Warum es funktioniert

Worte und Taten sind wie das Herz und die Seele deines Charakters. Wenn du sie in Einklang bringst, wirst du als authentischer und respektierter Mann wahrgenommen, der sowohl in seiner Familie als auch in der Gesellschaft Anerkennung findet. In der arabischen Welt wird der wahre Gentleman nicht nur für seine Taten bewundert, sondern auch für seine Fähigkeit, durch Integrität und Weisheit zu führen – sei es in der Familie, in der Gemeinde oder in der Geschäftswelt.

Was du jetzt tun kannst

Beginne heute damit, deine Worte und Taten bewusst aufeinander abzustimmen. Sei respektvoll, zeige Fürsorglichkeit und übernehme Verantwortung – sowohl im privaten als auch im beruflichen Leben. Schaffe Verbindungen und Vertrauen, indem du authentisch bleibst und deine Emotionen mit Weisheit und Geduld steuerst. Wenn du diese Prinzipien in deinem Alltag umsetzt, wirst du nicht nur als arabischer Gentleman wahrgenommen, sondern gewinnst auch die Anerkennung, die du verdienst.

In einer Welt, die von digitalen Medien und globaler Vernetzung geprägt ist, liegt die wahre Stärke eines arabischen Gentlemans in der Fähigkeit, sich selbst treu zu bleiben und dennoch in einer sich schnell verändernden Welt erfolgreich zu sein. Dieses Buch hilft dir, die traditionellen Werte die arabischen Gentlemen zu leben und gleichzeitig in der modernen Welt als respektierter und erfolgreicher Mann zu glänzen.

Warte nicht länger – starte noch heute deine Reise zum wahren Gentleman. Hol dir das Buch jetzt und beginne mit den ersten Schritten, um deinen Einfluss zu vergrößern und das Ansehen zu erlangen, das dir zusteht.

Lerne, wie du in jeder Situation mit Stärke und Respekt auftrittst – sei es bei wichtigen Geschäftsgesprächen, in deiner Familie oder im Freundeskreis. Entwickle emotionale Intelligenz, um tiefere, bedeutungsvollere Beziehungen zu führen und beruflich aufzusteigen.

Elie Saab (Modewelt)

Elie Saab, der weltbekannte libanesische Modedesigner, verkörpert viele Werte eines arabischen Gentlemans in der modernen Welt. Saab ist nicht nur für seine außergewöhnliche Mode bekannt, sondern auch für seinen respektvollen Umgang mit seinen Mitarbeitern und seinen Kunden. Er hat sich als international anerkannter Designer etabliert, ohne dabei die traditionellen Werte seiner arabischen Kultur aus den

Augen zu verlieren. Durch seine Bescheidenheit, Integrität und sein Engagement für Handwerkskunst hat er nicht nur die Modewelt beeinflusst, sondern auch dazu beigetragen, den Ruf der arabischen Welt auf globaler Ebene zu stärken. Ein wahres Beispiel für einen arabischen Gentleman, der durch sein Tun und sein Auftreten sowohl in der Geschäftswelt als auch in der Kulturwelt Anerkennung gewinnt.

Er verkörpert viele Werte, die als typisch für einen arabischen Gentleman in der modernen Welt gelten, wie Integrität, Respekt und Bescheidenheit.

„Respekt ist für mich die Grundlage jeder Beziehung, sei es mit meinen Kunden oder mit meinen Mitarbeitern. Wenn du die Menschen respektierst, mit denen du arbeitest, dann respektieren sie dich auch zurück."

„Stell dir vor, du würdest wie Elie Saab mit außergewöhnlichem Stil und Integrität nicht nur die Modewelt begeistern, sondern auch Menschen weltweit mit deiner Authentizität und Weisheit inspirieren. Dieses Buch zeigt dir, wie du sowohl als Mensch als auch als Geschäftsmann oder -frau höchsten Respekt und Anerkennung gewinnst."

Geschäft – Naguib Sawiris (Unternehmer, Ägypten)

Naguib Sawiris, ein ägyptischer Milliardär und Unternehmer, zeigt, wie man als arabischer Gentleman in der Geschäftswelt erfolgreich ist. Durch seinen Fokus auf langfristige Werte, wie verantwortungsbewusstes Handeln und fairen Geschäftspartnerumgang, hat Sawiris nicht nur sein eigenes Unternehmen, sondern auch den ägyptischen Telekommunikationsmarkt revolutioniert. Er ist bekannt dafür, sowohl in der Wirtschaft als auch in der Politik einfühlsam und Weise zu agieren. Sawiris zeigt, wie man als erfolgreicher arabischer Geschäftsmann nicht nur durch Zahlen, sondern auch durch Integrität und Verantwortungsbewusstsein Anerkennung erlangt.

„Integrität bedeutet, immer das Richtige zu tun, auch wenn niemand zuschaut. Der wahre Wert eines Unternehmens misst sich nicht nur an seinem finanziellen Erfolg, sondern auch an den Prinzipien, nach denen es geführt wird."

Stell dir vor, du führst ein Meeting mit wichtigen Geschäftspartnern und spürst das Vertrauen deiner Partner – sie respektieren dich nicht nur für dein Wissen, sondern auch für deine Authentizität und Weisheit. Dieses Buch zeigt dir, wie du diesen Status erreichst, ohne Kompromisse bei deinen Prinzipien einzugehen.

Gesellschaft – Amal Clooney (Menschenrechtlerin und Anwältin)

Amal Clooney, die britisch-libanesische Menschenrechtsanwältin, stellt ein herausragendes Beispiel dafür dar, wie ein arabischer Gentleman (oder eine arabische Frau) in der modernen Gesellschaft als Führungspersönlichkeit wirken kann. Sie setzt sich für Menschenrechte, Gleichberechtigung und soziale Gerechtigkeit ein und hat sich weltweit als Vorbild etabliert. Clooney verkörpert den arabischen Gentleman in der Gesellschaft durch ihre Entschlossenheit, ihre Weisheit und ihr Engagement für die Schwächeren, ohne dabei ihre kulturellen Wurzeln zu verlieren. Sie führt mit Integrität, arbeitet mit führenden Politikern und Menschenrechtlern zusammen und zeigt, dass wahre Größe in der Gesellschaft nicht nur durch Macht, sondern durch Respekt und Fürsorglichkeit erreicht wird.

„Der wahre Maßstab für Erfolg ist nicht, was man erreicht, sondern wie man die Welt verändert und denjenigen hilft, die keine Stimme haben."

„Wie Amal Clooney kannst du als arabische Führungspersönlichkeit nicht nur eine Veränderung in deiner Gesellschaft bewirken, sondern dabei auch die Werte deines Erbes hochhalten. Dieses Buch zeigt dir, wie du als Mann oder Frau mit

Weisheit und Respekt die Herausforderungen der modernen Welt meisterst und ein Vorbild für andere wirst."

„Unsere Arbeit ist nicht nur ein Spiegel unserer Fähigkeiten, sondern auch unserer Werte. Wir müssen uns immer daran erinnern, dass die wahre Größe in der Verantwortung gegenüber anderen und dem Respekt vor unseren Wurzeln liegt."

Warte nicht länger – entdecke die Prinzipien, die das Leben erfolgreicher arabischer Männer und Frauen weltweit verändert haben.

3.3 Warum Frauen diese Werte lieben: Die emotionale Tiefe verstehen

Emotionale Intelligenz: Mehr als nur ein Schlagwort

Frauen schätzen einen Mann, der ihre Gefühle verstehen kann – ohne sie zu bewerten. Es geht nicht darum, immer die richtigen Worte zu finden, sondern einfach zuzuhören und sich auf die Emotionen des anderen einzulassen. **Ein Mann, der emotional intelligent ist, gewinnt das Vertrauen seiner Mitmenschen und wird nicht nur in der Familie, sondern auch im Beruf als Führungspersönlichkeit anerkannt.**

Ibn Khaldun: *„Der wahre Wert eines Menschen liegt nicht in seiner äußeren Erscheinung, sondern in der Weise, wie er in seinem Inneren die Werte von Ehre, Respekt und Integrität lebt."*

Fürsorglichkeit: Kleine Gesten, große Wirkung

Fürsorglichkeit muss nicht immer in großen Taten bestehen. **Ob es das offene Ohr nach einem langen Tag ist oder ein unerwarteter, liebevoller Text – diese kleinen Dinge zeigen, dass du aufmerksam bist und die Bedürfnisse der anderen wahrnimmst.** Deine Fürsorglichkeit stärkt nicht nur deine Beziehung, sondern hilft dir auch, das Vertrauen und den Respekt deines Umfelds zu gewinnen – sowohl im privaten als auch im beruflichen Leben.

Respekt: Der Grundstein jeder Beziehung

Respekt ist die Basis jeder Beziehung. **Frauen suchen einen Mann, der sie versteht, ihre Wünsche respektiert und ihre Unabhängigkeit anerkennt.** Dieser Respekt schafft Sicherheit und bildet das Fundament für tiefere emotionale Bindungen. Und auch im beruflichen Umfeld ist Respekt entscheidend – ein respektvoller Mann wird nicht nur von Frauen bewundert, sondern auch von Kollegen und

Vorgesetzten geachtet, was ihm zu beruflichem Aufstieg und sozialer Anerkennung verhilft.

„Ein Mann, der eine Frau wirklich respektiert, erkennt ihre Träume an und unterstützt sie dabei, ihre eigenen Ziele zu erreichen." – **Prinz Alwaleed bin Talal**, Saudi-Arabien

Diese Interpretation heißt: Wahre Partnerschaft bedeutet, die Unabhängigkeit und die Ambitionen einer Frau zu respektieren und zu fördern.

Authentizität: Sei du selbst

Keine Frau möchte sich verstellen oder in eine Rolle schlüpfen müssen. Ebenso schätzen Frauen einen Mann, der ehrlich und authentisch ist – jemand, der zu seinen Gefühlen und seiner Persönlichkeit steht, ohne zu versuchen, jemand anderes zu sein. **Authentizität zieht nicht nur Frauen an, sondern schafft auch Vertrauen und Anerkennung in der Gesellschaft und im Beruf.**

Für Männer:

„Indem du authentisch, respektvoll und fürsorglich bist, wirst du nicht nur von Frauen bewundert, sondern du gewinnst auch das Vertrauen und den Respekt deiner Kollegen, was zu beruflichem Aufstieg und gesellschaftlichem Ansehen führt."

Für Frauen:

„Du verdienst einen Mann, der dir emotional zur Seite steht, der dich respektiert und der mit dir an seiner Seite wächst. Ein Mann, der authentisch und fürsorglich ist, wird dir nicht nur eine erfüllende Partnerschaft bieten, sondern auch das Fundament für eine glückliche, stabile Familie schaffen."

Vorteile für beide Geschlechter: Diese Werte sind der Schlüssel zu einer stabilen, respektvollen und erfolgreichen Partnerschaft – und sie legen das Fundament für ein glückliches Familienleben. **Für Männer bedeutet dies beruflichen und persönlichen Erfolg; für Frauen eine tiefere, erfüllende Beziehung, die auf Vertrauen und emotionaler Nähe basiert.**

Warum es funktioniert: Diese Prinzipien – emotionale Intelligenz, Fürsorglichkeit, Respekt und Authentizität – spiegeln die tief verwurzelten Werte der arabischen Kultur wider. Sie stehen im Einklang mit den Idealen, die sowohl in der arabischen Familie als auch in der Gesellschaft von zentraler Bedeutung sind. **In der arabischen Tradition ist der Respekt vor der Familie und den Älteren ein Grundpfeiler**

des Lebens. Indem du diese Werte in deinem Leben umsetzt, wirst du zu einem respektierten Mitglied der Gesellschaft.

Was du jetzt tun kannst: Starte noch heute damit, diese Prinzipien in deinem Alltag umzusetzen. **Höre zu, zeige Fürsorge, respektiere und sei authentisch.** *Indem du diese Werte lebst, wirst du der Mann, den nicht nur Frauen bewundern, sondern der auch im Beruf und in der Gesellschaft respektiert wird.* **Deine Reise zu einem erfolgreichen, respektierten und authentischen Leben beginnt jetzt.**

Verändere noch heute dein Leben!

Inspiriert von arabischen Legenden und Persönlichkeiten

In der Geschichte der arabischen Welt gibt es viele Persönlichkeiten, die als Vorbilder für Respekt, Fürsorglichkeit und Authentizität gelten. Diese Werte haben nicht nur ihren persönlichen Erfolg bestimmt, sondern auch das Leben und die Gesellschaft um sie herum maßgeblich beeinflusst. Sie sind lebendige Beispiele dafür, wie man durch Respekt, Weisheit und Fürsorglichkeit nicht nur als Individuum wächst, sondern auch als Teil einer größeren Gemeinschaft.

Tariq ibn Ziyad *– Ein Symbol für Führung und Weisheit*

Der berühmte arabische General Tariq ibn Ziyad, der den Übertritt des Islams nach Europa leitete, verkörpert viele der Prinzipien, die in diesem Buch beschrieben werden. Tariq war nicht nur ein brillanter Stratege, sondern auch ein Mann, der Respekt gegenüber seinen Soldaten und Anhängern zeigte. Seine Authentizität als Anführer und sein Respekt vor den Gefühlen und Bedürfnissen seiner Truppen waren ausschlaggebend für den Sieg über die Burg von Gibraltar und die erfolgreiche Expansion des Islam. Seine Fähigkeit, sowohl auf emotionaler Ebene zu führen als auch strategisch zu denken, macht ihn zu einem idealen Beispiel für die Prinzipien, die wir anstreben.

„Ein wahrer Anführer führt nicht nur mit dem Schwert, sondern mit Respekt und Weisheit, indem er die Herzen seiner Gefolgsleute gewinnt. Tariq ibn Ziyad zeigte uns, dass wahre Stärke im Einklang mit Authentizität und Mitgefühl entsteht, und dass der Respekt für die Menschen um uns herum der Schlüssel zum Erfolg ist." – inspiriert von den Prinzipien von **Tariq ibn Ziyad**

Scheich Zayed bin Sultan Al Nahyan – Der weise Führer der Vereinigten Arabischen Emirate

Ein weiteres herausragendes Beispiel ist Scheich Zayed bin Sultan Al Nahyan, der Gründer der Vereinigten Arabischen

Emirate. Seine Fürsorglichkeit gegenüber seinem Volk, sein Respekt vor den Traditionen und seine Fähigkeit, authentisch zu führen, sind legendär. Scheich Zayed setzte sich für das Wohl seiner Nation und seiner Menschen ein, zeigte jedoch gleichzeitig Emotionalität und Fürsorglichkeit, die im arabischen Raum so geschätzt werden. Sein Beispiel lehrt uns, wie Respekt für die Werte der Gemeinschaft und gleichzeitig die Förderung von modernen, zukunftsorientierten Prinzipien zu einem harmonischen Gleichgewicht führen können.

„Ein wahrer Führer achtet nicht nur auf das Wohl seiner Nation, sondern lebt in Einklang mit den Werten seiner Kultur, führt mit Weisheit, Respekt und Fürsorglichkeit – denn nur so kann er die Zukunft gestalten und gleichzeitig das Erbe der Vergangenheit ehren." – **Scheich Zayed bin Sultan Al Nahyan**

Imam Ali bin Abi Talib – Die Verkörperung von Weisheit und Gerechtigkeit

Imam Ali, der Vetter und Schwiegersohn des Propheten Muhammad, ist eine weitere Persönlichkeit, die diese Prinzipien verkörpert. Er wurde für seine Gerechtigkeit, Weisheit und Authentizität bewundert und ist ein starkes Vorbild für Männer und Frauen, die in der arabischen Welt nach ethischen und moralischen Maßstäben leben wollen. Imam Ali sagte: *„Wahre Stärke liegt nicht in der physikalischen Macht, sondern in der Fähigkeit, sich selbst zu kontrollieren und das Wohl anderer über das eigene Wohl zu stellen."* Diese Haltung spiegelt die Prinzipien von emotionaler Intelligenz und Fürsorglichkeit wider, die für den modernen arabischen Mann und die moderne arabische Frau von Bedeutung sind.

Warum diese Prinzipien besonders in der arabischen Kultur wertvoll sind:

Die Prinzipien von Respekt, Fürsorglichkeit und Authentizität sind tief in der arabischen Kultur verwurzelt. In der arabischen Tradition wird großer Wert auf den Respekt gegenüber den Älteren und die Verpflichtung gegenüber der Familie gelegt. Ein Mann, der diese Werte lebt, zeigt nicht nur seine Fähigkeit, als Führungskraft zu agieren, sondern auch seine Verantwortung als Familienoberhaupt und respektiertes Mitglied der Gemeinschaft.

Indem du diese Prinzipien in deinem Leben umsetzt, wirst du nicht nur in deinem Beruf erfolgreich, sondern du wirst auch als Mann anerkannt, der die Werte der arabischen Gesellschaft ehrt. Diese Prinzipien helfen dir nicht nur dabei, das Vertrauen und den Respekt deiner Kollegen und

Vorgesetzten zu gewinnen, sondern auch ein stabileres und erfüllteres Familienleben zu führen.

Erfolgsgeschichte von Ahmed: Ein Mann, der die Prinzipien lebt

Ahmed war ein ambitionierter junger Mann, der in einer großen Firma als Manager arbeitete. Trotz seines beruflichen Erfolgs spürte er eine innere Leere. Während er in seiner Karriere aufstieg, nahm er die Bedürfnisse seiner Familie oft als weniger wichtig wahr. Die Beziehung zu seinen Eltern und Geschwistern litt, und er fühlte sich immer mehr entfremdet von den Menschen, die ihm am meisten bedeuteten. Er verstand, dass wahre Erfüllung nicht nur aus beruflichen Erfolgen besteht, sondern auch aus den engen, liebevollen Bindungen, die man innerhalb der Familie pflegt.

Dann stieß Ahmed auf die Prinzipien von **Respekt, Fürsorglichkeit und Authentizität**, die ihm nicht nur halfen, als Führungskraft zu wachsen, sondern auch als Familienmitglied. Er begann, sich stärker auf die Werte zu konzentrieren, die in der arabischen Kultur so geschätzt werden: **Respekt vor den Älteren, Fürsorglichkeit für die Familie** und **Authentizität in Beziehungen**.

Ahmeds erstes Ziel war es, mehr Zeit mit seiner Familie zu verbringen und die Bindungen zu seinen Eltern und Geschwistern zu stärken. Früher hatte er das Gefühl, nie genug Zeit für sie zu haben, doch als er mehr präsent war, erlebte er, wie seine Beziehungen sich vertieften. Er begann, regelmäßig mit seinen Eltern zu sprechen, ihre Bedürfnisse und Sorgen zu verstehen und ihnen mit Fürsorge und Respekt zu begegnen. Diese Veränderung brachte nicht nur die Familie näher zusammen, sondern gab Ahmed auch eine tiefere emotionale Erfüllung.

Auch beruflich spürte er die positiven Auswirkungen dieser Werte. Er führte nicht nur mit **Emotionaler Intelligenz**, sondern entwickelte auch die Fähigkeit, mit seinen Kollegen und Vorgesetzten auf einer **authentischen** und respektvollen Ebene zu kommunizieren. Dies stärkte nicht nur sein berufliches Netzwerk, sondern auch sein **Ansehen** in der Firma. Ahmed stieg schnell in die Führungsebene auf, da er in der Lage war, mit Fürsorglichkeit und Authentizität zu führen und das Vertrauen seiner Kollegen zu gewinnen.

Seine Familie bemerkte die Veränderung und schätzte besonders, wie er für sie da war – nicht nur als erfolgreicher Manager, sondern auch als fürsorglicher Sohn und Bruder. Diese Balance zwischen beruflichem Erfolg und familiären Werten gab Ahmed ein Gefühl der Erfüllung, das er vorher nie gekannt hatte.

Leila – Kollegin von Ahmed: „Ich habe Ahmed als Managerin kennengelernt, und die Veränderung, die ich in ihm gesehen habe, ist bemerkenswert. Früher war er sehr auf die Arbeit fokussiert, aber jetzt ist er auch ein viel präsenterer Mensch – sowohl im Büro als auch in seiner Familie. Es ist, als ob er eine neue Tiefe in sich gefunden hat, und diese Authentizität ist spürbar in allen Bereichen seines Lebens. Unsere Zusammenarbeit hat sich stark verbessert, aber vor allem bewundere ich, wie er als Familienmensch gewachsen ist. Das ist wahrer Erfolg."

Firas – Vorgesetzter von Ahmed: „Ahmed ist als Führungskraft enorm gewachsen, aber was mich am meisten beeindruckt, ist, wie er diese Veränderung mit seinem Privatleben in Einklang gebracht hat. Er zeigt ein hohes Maß an Respekt für seine Familie, was ihm nicht nur im persönlichen Leben, sondern auch beruflich zugutekommt. Seine authentische Art zu führen und der Respekt, den er gegenüber seiner Familie zeigt, ist ein Vorbild für uns alle. Diese Balance zwischen Arbeit und Familie ist, was Ahmed zu einem wirklich großartigen Führer macht."

Nadia – Freundin von Ahmed: „Ahmed hat sich wirklich verändert. Früher war er oft distanziert, wenn es um Familie ging, aber jetzt ist er da, hört zu und ist für seine Eltern und Geschwister wirklich präsent. Es ist, als ob er jetzt versteht, dass wahre Erfüllung nicht nur im beruflichen Erfolg liegt, sondern in den Beziehungen zu den Menschen, die einen am meisten lieben. Ich sehe, wie er als Mensch gewachsen ist und die Prinzipien aus dem Buch wirklich lebt. Diese Veränderung hat nicht nur seine Karriere, sondern vor allem seine Familie gestärkt."

Ahmeds Geschichte zeigt, wie tief die Prinzipien von **Respekt**, **Fürsorglichkeit** und **Authentizität** in arabischen Familien verwurzelt sind. Indem er diese Werte in sein Leben integrierte, fand er nicht nur beruflichen Erfolg, sondern auch eine tiefere Verbindung zu seiner Familie. Die wahre Erfüllung kam für ihn nicht nur durch Karriereziele, sondern durch die Pflege starker familiärer Beziehungen. **Familie und beruflicher Erfolg sind nicht Gegensätze**, sondern können Hand in Hand gehen – und das ist der wahre Weg zu einem erfüllten Leben.

Beispiel: Der respektvolle Umgang mit den Eltern

In vielen arabischen Haushalten spielt der **Respekt vor den Eltern** eine zentrale Rolle. Ayman, ein junger Berufstätiger, arbeitet in einer großen Firma und ist häufig mit wichtigen Meetings und Geschäftsreisen beschäftigt. Doch trotz seines vollen Terminkalenders hat er nie vergessen, wie wichtig es ist, Zeit mit seinen Eltern zu verbringen. Jeden Freitagabend, nachdem er eine anstrengende Woche im Büro hinter sich hat, nimmt er sich bewusst die Zeit, um mit seiner Familie zu essen, zu sprechen und auf ihre Bedürfnisse einzugehen.

Eines Tages bemerkt seine Mutter, dass sie Schwierigkeiten hat, ihren Garten zu pflegen, und Ayman nutzt die Gelegenheit, um ihr zu helfen. Er verbringt den ganzen Samstag mit ihr im Garten, hört ihr zu und sorgt dafür, dass sie sich sicher und geschätzt fühlt. Für Ayman ist dies ein Zeichen des Respekts – ein Prinzip, das in seiner Familie von Kindesbeinen an weitergegeben wurde. Diese kleinen Gesten der Fürsorglichkeit haben nicht nur seine Beziehung zu seiner Mutter gestärkt, sondern auch seine Authentizität als Mensch unterstrichen, der seine familiären Werte über alles stellt. Ayman weiß, dass wahre Stärke nicht nur im Beruf, sondern auch in der **Pflege von Familienbindungen** liegt.

Es zeigt, wie der Respekt vor den Eltern und die Fürsorglichkeit im Alltag umgesetzt werden können. In der arabischen Kultur ist es eine tiefe Verantwortung, sich um die Eltern zu kümmern, und dieses Beispiel veranschaulicht dies auf greifbare Weise.

Beispiel: Die Bedeutung von Fürsorglichkeit in der Ehe

Leila und Khaled sind ein verheiratetes Paar in einer arabischen Großstadt. Khaled arbeitet als Ingenieur und hat einen anspruchsvollen Job, der oft viele Überstunden erfordert. Leila ist eine junge Mutter und kümmert sich um die Kinder und den Haushalt. Trotz ihrer unterschiedlichen beruflichen Verpflichtungen haben sie eine starke Beziehung, die auf **Fürsorglichkeit** und **Respekt** basiert.

An einem besonders stressigen Tag nach der Arbeit merkt Khaled, dass Leila sich erschöpft fühlt. Obwohl er müde ist, überrascht er sie, indem er nach Hause kommt, das Abendessen übernimmt und mit den Kindern spielt, sodass sie sich etwas ausruhen kann. Khaled weiß, dass es in einer Beziehung nicht nur um gemeinsame Erlebnisse geht, sondern auch um die **Fürsorge für das Wohlbefinden des Partners** in den alltäglichen Herausforderungen. Diese kleinen, aber bedeutungsvollen Gesten zeigen, wie wichtig es ist, den Partner zu unterstützen und Verantwortung zu übernehmen – nicht nur in den guten Zeiten, sondern auch, wenn das Leben herausfordernd wird.

Es veranschaulicht, wie die Prinzipien der Fürsorglichkeit und des Respekts nicht nur im beruflichen Umfeld, sondern auch in der Ehe und der familiären Verantwortung eine zentrale Rolle spielen. In der arabischen Kultur ist die Familie das höchste Gut, und das Szenario zeigt, wie Partnerschaft und Fürsorglichkeit zur Stärkung einer glücklichen und stabilen Familie beitragen können.

Beide Beispiele beziehen sich direkt auf Werte, die in der arabischen Kultur tief verwurzelt sind: **Respekt vor den Eltern** und die **Fürsorge für den Partner**. Sie machen die Prinzipien im Alltag greifbar und ermöglichen den Lesern, sich mit den dargestellten Situationen zu identifizieren. Durch solche konkreten Beispiele wird der Text nicht nur nachvollziehbarer, sondern auch stärker in der Realität der Zielgruppe verankert.

Die Fähigkeit, emotionale Intelligenz zu leben, ist der Schlüssel zu tiefen, erfüllten Beziehungen. Frauen schätzen einen Mann, der zuhören kann, ohne zu urteilen, der ihre Gefühle versteht und aufrichtig für ihr Wohl sorgt. Diese Werte sind nicht nur eine Grundlage für Liebe und Vertrauen, sondern auch ein Ausdruck wahrer Stärke. Wenn du lernst, mit Empathie und Respekt auf deine Mitmenschen zuzugehen, wirst du nicht nur ein begehrter Partner, sondern auch ein respektierter Mensch in allen Bereichen deines Lebens.

KAPITEL 4: Der Gentleman in der Partnerschaft: Die Kunst, Herz und Verstand zu vereinen

In einer Welt, die oft laut und hektisch ist, sehnen sich viele nach einem Partner, der Ruhe, Respekt und Verlässlichkeit ausstrahlt. Ein arabischer Gentleman vereint all diese Qualitäten – mit Charme und einer Prise Humor. Er zeigt, wie man in jeder Situation glänzt – von der Familie bis zum sozialen Umfeld – und dabei das Ansehen gewinnt, das er verdient.

1. Zuhören: Die unterschätzte Superkraft

„Zuhören ist mehr als Warten, bis man selbst sprechen kann. Es geht darum, wirklich da zu sein. Wenn deine Partnerin spricht, höre aufmerksam zu. Es zeigt, dass dir ihre Gedanken wichtig sind. Bonuspunkte gibt es, wenn du dir Details merkst, wie ihren neuen Lieblingskaffee."

2. Kleine Gesten, große Wirkung

„Es sind die kleinen Dinge, die zählen: Das unerwartete Bringen ihrer Lieblingsschokolade, das Anbieten deiner Jacke, das Spülen des Geschirrs. Diese Gesten sagen mehr als tausend Worte: ‚Ich sehe dich. Ich schätze dich.'"

3. Respekt: Das Herzstück jeder Beziehung

„Respekt ist wie das Fundament eines Hauses: Ohne ihn ist alles instabil. Ein Gentleman respektiert die Wünsche, Grenzen und Träume seiner Partnerin. Sei ihr größter Unterstützer, nicht ihr Kritiker. Das bedeutet auch, ihren Lieblingsfilm zu schauen, selbst wenn es ein Musical ist."

„Respekt ist der Schlüssel, der alle Türen der Herzen öffnet." –
Khalil Gibran, *Libanon*

4. Humor: Gemeinsam lachen verbindet

„Lachen ist das Kleben, das eine Beziehung zusammenhält. Finde Humor in den kleinen Missgeschicken des Alltags: das Missgeschick beim Kochen, der seltsame Tanzstil beim Putzen. Lachen schafft Nähe und Leichtigkeit."

„Lachen ist wie das Salz im Essen des Lebens – ohne es wird alles fade. Aber vergiss nicht, auch in den trockenen Wüsten gibt es Oasen des Humors!" – Anonym aus den VAE

Warum diese Prinzipien für arabische Männer und Frauen wichtig sind

Diese Prinzipien stärken nicht nur Beziehungen, sondern auch den persönlichen Erfolg. Ein Gentleman wird nicht nur von seiner Partnerin bewundert, sondern gewinnt auch das Vertrauen seiner Kollegen und Vorgesetzten. Dies führt zu beruflichem Aufstieg und gesellschaftlichem Ansehen. Wer Respekt, Fürsorglichkeit und Authentizität lebt, wird als verlässlicher, respektierter Mann wahrgenommen – sowohl zu Hause als auch in der Gesellschaft.

Erfolgsgeschichte: Ahmed, 34 Jahre alt

„Ich habe mich immer gefragt, warum meine Beziehungen nie langfristig waren. Nachdem ich angefangen habe, wirklich zuzuhören und meine Partnerin zu respektieren, änderte sich alles. Heute bin ich glücklich verheiratet und habe das Vertrauen meiner Kollegen gewonnen – ich bin nicht nur privat, sondern auch beruflich erfolgreicher."

Historische Beispiele:

Saladin (Salah ad-Din) – *„Die wahre Größe eines Führers zeigt sich nicht in der Zahl seiner Siege, sondern in der Art* *und Weise, wie er mit seinem Volk und seinen Feinden umgeht."*

Saladin ist bekannt für seine Weisheit und seinen Respekt gegenüber selbst seinen Feinden. Während er als militärischer Führer und Befreier Jerusalems berühmt wurde, war es sein außergewöhnlicher Umgang mit den besiegten Gegnern und sein Respekt vor den Prinzipien des Glaubens und der Menschlichkeit, der ihn zu einer Legende machte. Für arabische Männer ist Saladin ein Vorbild dafür, wie man mit Ehre und Integrität führt, sowohl auf dem Schlachtfeld als auch im Alltag.

„Die Schönheit der Beziehungen liegt nicht in der Perfektion, sondern in der Fähigkeit, die Fehler des anderen zu verstehen und mit ihm zu wachsen." – **Khalil Gibran**, Libanon

Der berühmte Dichter und Philosoph Khalil Gibran ist ein Symbol für Weisheit und tiefgründige emotionale Intelligenz. Seine Werke, insbesondere „Der Prophet", beinhalten viele Lehren über Liebe, Freundschaft und das menschliche Miteinander. Er erinnert uns daran, dass wahre Stärke in der Fähigkeit liegt, emotional zu wachsen und die tiefere Bedeutung in unseren Beziehungen zu erkennen.

„Ein wahrer Führer ist derjenige, der seine Menschen mit Güte und Gerechtigkeit führt und ihnen mit einem offenen Herzen dient." – **Uthman ibn Affan**

Uthman ibn Affan, der dritte Kalif des Islam, ist bekannt für seine Großzügigkeit und seine Fähigkeit, gerecht und respektvoll zu führen. Unter seiner Führung erlebte die muslimische Gemeinschaft eine Zeit des Wachstums und der Stabilität. Uthman verkörperte die Prinzipien des Respekts, der Authentizität und der Fürsorglichkeit. Als arabischer Gentleman zeigte er, dass wahre Führung aus einer Kombination von Weisheit, Verantwortung und Menschlichkeit besteht.

Was du jetzt tun kannst:

Integriere diese Prinzipien in dein Leben: Höre zu, zeige Fürsorge, respektiere und sei authentisch. Erwecke das Bild des modernen arabischen Gentlemans zum Leben – nicht nur in der Partnerschaft, sondern auch in der Familie, im Beruf und in der Gesellschaft. Dein Erfolg beginnt mit dir selbst. Sei der Gentleman, der nicht nur für seinen Erfolg bewundert wird, sondern auch für die Werte, die er lebt. Diese Prinzipien sind der Schlüssel zu einem erfüllten Leben – sowohl in Beziehungen als auch in deiner Karriere. Werde die beste Version deiner selbst und inspiriere andere, dir zu folgen.

4.1 Authentische Beziehungen aufbauen: Die Rolle des Gentlemans – Ein neuer Blick

„Die wahre Größe eines Menschen zeigt sich nicht in seiner Fähigkeit, zu herrschen, sondern in seiner Fähigkeit, authentische Beziehungen zu schaffen, die auf Respekt, Vertrauen und Verständnis beruhen." – **Sheikh Mohammed bin Rashid Al Maktoum**, *VAE*

Dieser Leitfaden ist nicht nur für dich als Mann gedacht, sondern auch für die Frauen, die nach einem respektvollen, authentischen und aufrichtigen Partner suchen. Es ist eine Einladung, die Werte, die in der arabischen Kultur tief verwurzelt sind – wie Ehre, Verantwortung und Anstand – in moderne Beziehungen zu integrieren. Hier findest du klare, direkte Empfehlungen, die ohne unnötige Theorie auskommen und präzise in die Praxis umgesetzt werden können. In einer Welt, die sich ständig verändert, bleibt eines konstant: Der wahre Gentleman glänzt durch Respekt und Verantwortung, sowohl in der Familie als auch in der Gesellschaft.

Verbindung zur religiösen und spirituellen Dimension

In der arabischen Kultur spielt der Glaube eine zentrale Rolle, und viele der Prinzipien des Gentlemans sind tief im Islam verankert. Respekt, Verantwortung, Ehrlichkeit und

Fürsorge sind nicht nur gesellschaftliche Werte, sondern auch religiöse Pflichten. Der Prophet Muhammad (Friede sei mit ihm) betonte stets, wie wichtig es ist, gut miteinander umzugehen und Verantwortung zu übernehmen – sei es für die Familie, die Gemeinschaft oder für den eigenen Charakter. Ein wahrer Gentleman lebt diese Werte nicht nur in seinen sozialen Beziehungen, sondern auch in seiner Beziehung zu Gott. Im **Islam** wird Ehrlichkeit als eine der höchsten Tugenden gesehen – der Prophet (Friede sei mit ihm) sagte: *„Die Wahrheit führt zur Gerechtigkeit und Gerechtigkeit führt ins Paradies."*

Ein wahrer Gentleman trägt diese Wahrheit nicht nur in seinen Worten, sondern vor allem in seinen Taten, um sowohl in der Welt als auch im Jenseits Respekt und Ehre zu bewahren.

1. Beziehungen sind wie Tanzen – Finde den Rhythmus

„Eine Beziehung ist wie ein Tanz. Mal führst du, mal lässt du dich führen. Der Gentleman beherrscht beides: Er weiß, wann es Zeit ist, die Richtung vorzugeben, und wann er den Partner unterstützt. Wichtig ist nicht die Perfektion der Schritte, sondern die Freude am gemeinsamen Rhythmus."

Im arabischen Kontext bedeutet dies auch, zu wissen, wann man in der Familie als Führungsfigur agiert und wann man als unterstützender Partner dem anderen den Raum lässt. Ein Gentleman weiß, wie er in der Familie Verantwortung übernimmt, ohne die Ehre des anderen zu schmälern. In vielen arabischen Familien ist es eine traditionelle Aufgabe des Mannes, als **Beschützer** und **Versorger** zu agieren, doch wahre Größe zeigt sich darin, zu erkennen, wann es an der Zeit ist, den anderen zu unterstützen – sei es durch das Zuhören, durch das Teilen von Verantwortung oder durch die Entscheidung, als Familie zusammenzuarbeiten.

2. Die Sprache der Gesten

„Die Sprache der Gesten spricht lauter als Worte. In einer Kultur, in der Respekt und Ehre hochgeschätzt werden, ist eine Geste oft mehr als tausend Worte. Sie öffnet Türen und baut Brücken zwischen Herzen." – Unbekannt, inspiriert von arabischer Weisheit

„Taten sprechen oft lauter als Worte. Stell dir vor, du bereitest morgens einen Kaffee vor, genauso, wie dein Partner ihn mag, ohne dass er es erwartet. Oder du holst unterwegs seine Lieblingszeitschrift, einfach weil du weißt, dass sie ihm ein Lächeln ins Gesicht zaubert. Diese kleinen, bewussten Gesten sagen klar: ‚Ich sehe dich. Du bist mir wichtig.'"

In arabischen Haushalten gibt es viele Gelegenheiten, solche Gesten zu zeigen. Zum Beispiel durch das **Servieren einer Mahlzeit** für die Familie, das Respektieren der familiären Rituale oder das Kümmern um **ältere Verwandte**, ohne darum gebeten zu werden. Diese alltäglichen, fürsorglichen Taten vermitteln mehr Liebe und Respekt als tausend Worte und sind Ausdruck der Verantwortung und Fürsorge, die ein wahrer Gentleman seiner Familie gegenüber zeigt. Denk an die Tradition des **Essensteilens** in arabischen Kulturen: Es ist nicht nur eine praktische Handlung, sondern auch ein Akt der **Ehre und des Zusammenhalts**.

3. Mach die Stille bedeutungsvoll

„Schweigen ist in vielen arabischen Haushalten ein Zeichen von Respekt. Es ist die stille Weisheit, die zeigt, dass man mehr zu hören als zu reden weiß, und dass wahre Stärke oft in der Zurückhaltung liegt." – **Sheikh Mohammed bin Rashid Al Maktoum**, *VAE*

Dieser Spruch spiegelt die Bedeutung von Schweigen und Respekt in der arabischen Kultur wider und wurde inspiriert von der Philosophie des Emir von Dubai, der für seine Weisheit und seine Haltung gegenüber traditionellen Werten bekannt ist.

„Authentische Nähe entsteht oft in den Momenten, in denen nichts gesagt wird. Gemeinsam schweigen zu können, ohne dass es unangenehm ist, zeigt, wie tief die Verbindung ist. Ein Gentleman hat keine Angst vor Stille – er nutzt sie, um Nähe zu schaffen."

Das Schweigen ist in vielen arabischen Haushalten ein Zeichen von Respekt. Zum Beispiel während des **Gebets**, in dem die Familie gemeinsam im stillen Gebet versammelt ist, oder bei einem gemeinsamen Mahl, bei dem das Schweigen oft mehr über den Respekt füreinander aussagt als jedes gesprochene Wort. Ein wahrer Gentleman versteht es, auch in der Stille eine tiefe Verbindung zu schaffen und sich respektvoll aufeinander einzulassen – so wie es bei den **Festen und religiösen Anlässen** der Fall ist, bei denen Ruhe und Reflektion von großer Bedeutung sind.

4. Fehler sind Chancen, keine Schwächen

„Fehler sind keine Schwächen, sondern Chancen, die uns lehren, besser zu werden. Sie sind der Weg, auf dem wir wachsen." –
Khalifa bin Zayed Al Nahyan, Präsident der VAE

„Ein Gentleman hat keine Angst, Fehler zuzugeben. Hast du etwas vergessen? Biete ehrlich eine Entschuldigung an –

aber mit Stil. So wird aus einer Schwäche eine Gelegenheit, die Beziehung zu stärken."

Im islamischen Kontext wird das Eingestehen von Fehlern und das Bitten um Vergebung als edel angesehen. Der Prophet Muhammad (Friede sei mit ihm) sagte: *„Der beste unter euch ist der, der sich selbst erkennt und seine Fehler eingesteht."* Diese Haltung ist nicht nur ein Zeichen der persönlichen Reife, sondern auch ein Akt der Verantwortung und des Anstands, der sowohl in der Familie als auch in der Gesellschaft hochgeschätzt wird. Diese Einstellung zeigt sich auch in der **Tradition der Vergebung** – eine Tugend, die im arabischen Raum und im Islam eine zentrale Rolle spielt.

5. Humor als Geheimwaffe

„Humor ist die geheime Waffe der Weisheit, die den schweren Weg des Lebens leichter macht und den Geist befreit." – **Scheich Mohammed bin Rashid Al Maktoum, VAE**

„Der Gentleman nimmt das Leben ernst, aber nicht zu ernst. Dein Partner hat einen stressigen Tag? Bringe ihn mit einem liebevollen Spruch zum Lachen. Humor öffnet Herzen und löst Spannungen, die Worte oft nicht erreichen können."

In vielen arabischen Haushalten ist **Humor** ein wichtiges Bindeglied, das Menschen näher zusammenbringt. Es ist ein

Zeichen von Wohlwollen und Liebe, besonders in schwierigen Zeiten. Ein wahrer Gentleman weiß, wie er durch Humor eine angenehme Atmosphäre schafft und Spannungen auflöst, sei es bei einem gemeinsamen **Familienessen** oder in einem persönlichen Gespräch mit dem Partner. Humor kann auch dabei helfen, zwischen den **Generationen** zu vermitteln, was in arabischen Gesellschaften besonders wichtig ist.

Gentleman-Regeln für den Alltag

- Finde heraus, was deinem Partner wirklich wichtig ist – und zeig, dass du zuhörst.
- Schaffe Raum für kleine, aber ehrliche Momente der Verbindung, besonders innerhalb der Familie.
- Nutze Humor, um Nähe zu schaffen, und Respekt, um Vertrauen zu bewahren.
- Übernimm Verantwortung in deiner Familie und in deiner Gemeinde – du wirst durch deinen Anstand und dein Engagement respektiert.

Für dich – egal ob Mann oder Frau

Männer: Möchtest du deine Beziehung auf das nächste Level bringen? Beginne heute mit kleinen Gesten der Aufmerksamkeit und des Respekts. Lerne, wann du führen und wann du loslassen musst – und sieh, wie sich eure Bindung vertieft.

Wenn du diese Prinzipien in deinem Familien- und Sozialleben anwendest, wirst du nicht nur das Vertrauen und den Respekt deiner Partnerin gewinnen, sondern auch das Ansehen in deiner Familie und Gemeinschaft stärken. Du wirst als wahrer Gentleman wahrgenommen, der Verantwortung übernimmt und gleichzeitig die Liebe und Unterstützung seiner Liebsten genießt.

4.2 Warum der wahre arabische Gentleman die Bedeutung der Frau als gleichwertige Partnerin versteht

„Die wahre Größe eines Mannes zeigt sich nicht in seiner Macht, sondern in seiner Fähigkeit, die Frau als gleichwertige Partnerin zu erkennen und zu respektieren. In einer starken Partnerschaft sind beide Seiten gleichwertig, und wahre Weisheit liegt darin, diese Harmonie zu bewahren." – **Scheich Mohammed bin Rashid Al Maktoum, VAE**

In der arabischen Kultur ist der respektvolle Umgang mit der Frau von zentraler Bedeutung. Doch wahre Achtung für die Frau geht über oberflächliche Gesten hinaus. Sie beginnt mit der Anerkennung ihrer Rolle als gleichwertige Partnerin – in der Familie, in der Gesellschaft und in der Beziehung. Ein wahrer Gentleman weiß, dass die Stärke einer Partnerschaft von der gegenseitigen Wertschätzung und dem gemeinsamen Wachstum abhängt. Es ist von großer Bedeutung, der Frau nicht nur Respekt entgegenzubringen, sondern ihr auch die Freiheit zu gewähren, ihre Stimme zu erheben und ihre Wünsche sowie Bedürfnisse klar auszudrücken.

„Die Frau ist nicht nur die Grundlage unserer Familie, sie ist ein gleichwertiger Partner in jeder Lebenssituation. Wenn du ihre Meinungen und Wünsche respektierst, wächst eure Beziehung auf eine Weise, die beide bereichert." – **Omar, 32**

Verborgene Stärken durch gemeinsame Verantwortung

Stell dir vor, du und deine Partnerin gehen zusammen durch das Leben, Hand in Hand, und treffen Entscheidungen, die euch als Team stärken. In vielen arabischen Haushalten ist es üblich, dass der Mann die Hauptverantwortung trägt. Doch wahre Größe zeigt sich, wenn er die Partnerin als gleichwertige Ratgeberin und Partnerin in allen Lebensfragen sieht. Sei es beim Familienfest, bei der Organisation einer Hochzeit oder der Feier von Ramadan – indem du ihre Gedanken und Wünsche einbeziehst, zeigst du nicht nur Respekt, sondern förderst auch die gegenseitige Unterstützung.

Geschichte von Khaled und Sara: Khaled und Sara sind seit fünf Jahren verheiratet. Am Anfang ihrer Beziehung hatte Khaled die Vorstellung, dass er die meisten Entscheidungen alleine treffen sollte. Doch als er begann, seine Frau mehr einzubeziehen und ihr zuzuhören, erkannte er, wie viel sie zu bieten hatte. Bei der Vorbereitung einer großen Familienfeier berieten sie sich miteinander, und Sara hatte die perfekte Idee, wie man das Fest noch schöner gestalten könnte. Khaled lernte, dass er als Partner nicht nur führen, sondern auch teilen und lernen muss – und ihre Beziehung gewann an Tiefe und Stärke.

Tradition und Moderne vereinen: Die Herausforderung für die junge Generation

Viele junge Männer und Frauen in der arabischen Welt stehen heute vor der Herausforderung, die Erwartungen der Familie mit den Einflüssen der modernen westlichen Welt zu vereinbaren. In einer Welt, die zunehmend von Individualismus und Selbstverwirklichung geprägt ist, fällt es manchmal schwer, Tradition und Moderne miteinander zu verbinden.

„Die modernen Anforderungen im Berufsleben und auf Social Media beeinflussen meine Beziehung, doch wir versuchen immer, die Balance zu finden." – **Fadi, 28**

Es ist eine schwierige Balance, aber ein wahrer Gentleman weiß, dass er sich nicht nur nach äußeren Einflüssen richten muss. Er lebt die Werte, die ihm von der Familie und der Gemeinschaft beigebracht wurden, und kombiniert diese mit den modernen Anforderungen des Lebens, um ein glückliches und respektvolles Leben zu führen. Sei es in einer Beziehung, in der man zwischen Tradition und den Freiheiten der Moderne navigiert, oder im Beruf, wo Verantwortung und Respekt vor der Familie weiterhin einen hohen Stellenwert haben.

Geschichte von Yasmine und Nour:

Yasmine und Nour wuchsen in einer modernen Stadt auf und hatten dennoch tiefe Wurzeln in ihrer Familie und ihren Traditionen. Sie standen häufig vor der Herausforderung, ihren eigenen Weg zu finden, während sie die Wünsche ihrer Eltern respektierten. Doch sie entdeckten eine Lösung: Sie setzten gemeinsame Ziele und fanden heraus, wie sie Traditionen mit modernen Werten verbinden konnten. Ihre Ehe basierte auf einer gleichwertigen Partnerschaft, in der beide ihre Meinung äußerten und respektiert wurden. Yasmine erinnert sich: *„Wir haben gelernt, dass wahre Partnerschaft nicht nur bedeutet, zu führen, sondern gemeinsam zu wachsen."*

Praktische Tipps für den modernen arabischen Gentleman:

Höre zu: Ein echter Gentleman hört aktiv zu, was seine Partnerin sagt, ohne zu unterbrechen. Das gilt besonders bei wichtigen Gesprächen oder Entscheidungen.

Respektiere ihre Meinung: Egal, ob es um die Auswahl eines Urlaubs oder eine wichtige Familienentscheidung geht, nimm die Meinung deiner Partnerin ernst.

Zeige Wertschätzung: Sag „Danke" für die kleinen Dinge, die sie im Alltag tut – sei es das Kochen eines Festmahles oder das Organisieren eines Familienfestes.

Verantwortung teilen: In vielen Familienaufgaben kannst du als Gentleman Verantwortung übernehmen, sei es beim Feiern des Eids oder dem Ramadan-Fastenbrechen. Gemeinsame Aufgaben stärken die Partnerschaft.

Zeige Dankbarkeit: Schätze ihre Fürsorge, ihre Unterstützung und ihre Liebe, die sie täglich für dich und die Familie zeigt.

Erfahrungsberichte aus der Praxis:

„In unserer Familie sind Feste immer ein Highlight. Als mein Mann begann, mich mehr in die Planung einzubeziehen, fühlte ich mich wirklich respektiert. Es hat unsere Bindung gestärkt." – **Amina, 34**

„Ich habe nie gewusst, wie wichtig es ist, die Entscheidungsmacht zu teilen, bis ich es in meiner Beziehung ausprobiert habe. Mein Partner und ich sind jetzt ein Team, und das hat uns stärker gemacht." – **Layla, 30**

Starte noch heute, deine Beziehung auf das nächste Level zu heben, indem du diese kleinen, respektvollen Handlungen in deinem Alltag umsetzt. *Die Veränderung beginnt bei dir. Sei der Gentleman, der nicht nur von außen respektiert wird, sondern der den echten Respekt und die Liebe in seiner Partnerschaft lebt. Deine Familie und dein soziales Umfeld werden es spüren – und deine Beziehung wird wachsen.*

4.3 Romantische Gesten: Die Geheimnisse des arabischen Gentlemans, die Liebe und Respekt zeigen

„Die wahre Liebe zeigt sich in den kleinsten Gesten – ein Blick, der mehr sagt als tausend Worte, ein Lächeln, das die Seele erwärmt, und eine Umarmung, die mehr Trost spendet als jede Sprache der Welt." – **Sheikh Zayed bin Sultan Al Nahyan, VAE**

Hast du dich jemals gefragt, warum wahre Liebe oft in den Details steckt? Ein Kuss auf die Stirn, ein offenes Ohr für ihre Sorgen oder ein kleines Kompliment – diese unscheinbaren Momente haben die Macht, Herzen zu öffnen und Beziehungen zu vertiefen.

Für Männer: Mit kleinen Gesten große Gefühle schaffen

Ein arabischer Gentleman zu sein, bedeutet mehr als nur höflich zu sein – es bedeutet, Ehre (*'Honor'*) und Respekt in jedem Moment zu leben. Ein Gentleman weiß, wie man die Bedürfnisse seiner Partnerin erkennt, ohne dass sie ein Wort sagen muss. Traditionelle Werte wie Gastfreundschaft und Fürsorge sind tief in der arabischen Kultur verwurzelt und bilden das Fundament für jede starke Partnerschaft.

Stell dir vor, du öffnest ihr die Tür, ein Lächeln auf deinem Gesicht, und in diesem Moment fühlt sie sich wie die einzige Frau der Welt. Ihr Blick erhellt sich, und ihr Herz schlägt schneller. Diese kleinen, aber bedeutungsvollen Gesten sind es, die eine arabische Frau tief berühren. Sie zeigen, dass du nicht nur auf ihre Worte hörst, sondern auf die unsichtbaren Zeichen, die sie dir sendet.

Ein Gentleman weiß auch, dass seine Familie seine Ehre ist. *In der arabischen Welt ist Familie das höchste Gut* – und eine respektvolle Partnerschaft beginnt oft mit dem Respekt vor den Wurzeln und der Bedeutung der Familie.

Für Frauen: Die Kraft der Wertschätzung

In einer Beziehung möchtest du gehört und verstanden werden. Ein Gentleman achtet darauf, dir das Gefühl zu geben, etwas Besonderes zu sein – nicht nur heute, sondern jeden Tag. Du verdienst es, geliebt zu werden, und wahre Partnerschaft lebt von gegenseitiger Fürsorge.

Ein kleiner Moment der Aufmerksamkeit – wie ein Lächeln, ein liebevolles Kompliment oder das spontane Teilen eines Moments – ist oft mehr wert als die größten Worte. Dein Partner sieht in deinen Augen, dass du ihn schätzt und respektierst. Diese Geste der Wertschätzung ist es, die die Partnerschaft stärker macht, Tag für Tag.

Lebensgeschichten: Die Magie kleiner Gesten

Karim, 35: *„Ich dachte immer, wahre Liebe sei mit großen Gesten verbunden. Aber als ich begann, ihr die Tür aufzuhalten und ihr bei kleinen Aufgaben im Haushalt zu helfen, merkte ich, wie tief sie sich dadurch verbunden fühlte. Es sind die kleinen Dinge, die zählen."*

Layla, 29: *„Seit ich meinem Mann durch kleine, respektvolle Gesten wie einen sanften Kuss auf die Stirn oder das überraschende Vorbeibringen ihres Lieblingsgerichts gezeigt habe, wie viel er mir bedeutet, hat sich unsere Beziehung verändert. Wir sind jetzt ein Team, das immer zusammenhält."*

Omar, 40: *„Ich erinnere mich an das erste Mal, als ich meine Frau zu einem spontanen Abendessen eingeladen habe. Ich wusste, dass sie müde war, aber diese Geste brachte uns näher, als ich es je für möglich gehalten hätte. In solchen Momenten wächst die Liebe."*

Tradition und Moderne: Der arabische Gentleman von heute

Der wahre arabische Gentleman weiß, dass wahre Größe in den einfachen Dingen liegt. Ehre (*'Honor'*) und Verantwortung sind nicht nur Worte, sondern Handlungen. Sie zeigen sich im Respekt vor der Partnerin, im Wert der Familie und in der Weisheit, wie man Liebe ausdrückt.

Das Besondere an einem arabischen Gentleman ist, dass er sowohl die traditionellen Werte der arabischen Welt bewahrt als auch in der modernen Zeit als einfühlsamer, respektvoller Partner glänzt. Er lebt nach dem Prinzip, dass wahre Stärke darin liegt, die Schwächen und Bedürfnisse des Partners zu erkennen und ihm mit Respekt zu begegnen.

Nutze die Kraft kleiner Gesten – und starte heute als echter Gentleman

Die Veränderung beginnt mit dir. Es ist nicht die Größe der Geste, sondern die Bedeutung dahinter. Schicke ihr heute eine Nachricht, öffne ihr die Tür oder überrasche sie mit einer kleinen Geste der Liebe. Du wirst sehen, wie diese scheinbar kleinen Dinge eure Beziehung tief und unaufhaltsam stärken können.

Heute ist der Tag, an dem du den ersten Schritt machst. Schicke ihr jetzt eine Nachricht, öffne ihr die Tür oder überrasche sie mit einer kleinen, aber bedeutungsvollen Geste der Liebe. Du wirst den Unterschied sehen – heute beginnt deine Reise als wahrer Gentleman.

KAPITEL 5: Integrität im Beruf und im öffentlichen Leben: Deine Reise zur wahren Größe

Was macht dich zu einem Menschen, den andere bewundern und respektieren?

Für dich als arabischer Mann oder für Frauen in unserer Kultur ist es nicht nur dein Erfolg, sondern deine Haltung – deine Integrität. Sie ist der Schlüssel zu Ehre, Respekt und nachhaltigem Erfolg.

„In einer Welt voller Veränderungen und Herausforderungen hast du das Recht, deine Prinzipien zu wahren und deinen Erfolg auf deinem eigenen Weg zu gestalten – mit Respekt und Integrität."

Für arabische Männer: Stärke und Führungskraft, die inspiriert

Du als arabischer Mann möchtest respektiert werden – in deinem Beruf, in deiner Familie und in deinem sozialen Umfeld. Doch oft steht man vor Herausforderungen:

- Fehlt dir manchmal das Gefühl, dass andere deinen Standpunkt wirklich respektieren?
- Gibt es Momente, in denen du das Gefühl hast, dass deine Prinzipien in einer Welt voller Kompromisse schwer umzusetzen sind?

Du verdienst es, **als Führungskraft** zu glänzen – mit **Integrität, Ehrlichkeit** und einem **festen Standpunkt**. Du kannst nicht nur der Chef sein, sondern auch jemand, der von seinen Prinzipien nicht abrückt und für seine Werte respektiert wird.

*„Dieses Buch hat mein Leben verändert. Es hat mir geholfen, meine Prinzipien auch in schwierigen Situationen zu wahren, und das hat mir Respekt von Kollegen und Vorgesetzten eingebracht." – **Ahmed A.**, 35, Unternehmer*

*„Als arabischer Mann in einer modernen Welt fiel es mir schwer, meine Traditionen in den Beruf zu integrieren. Aber dieses Buch hat mir die Klarheit gegeben, wie man mit Integrität Erfolg hat, ohne Kompromisse einzugehen." – **Faris M.**, 42, Manager*

Stell dir vor, du bist wie **Omar**, ein Unternehmer, der vor der Entscheidung stand, ein profitables, aber unethisches Geschäft zu machen. Der schnelle Gewinn war verlockend, doch Omar entschied sich, seinen Prinzipien treu zu bleiben. Er wählte den **längeren, schwierigeren Weg**, der ihn langfristig nicht nur den Respekt seiner Geschäftspartner einbrachte, sondern auch die **Loyalität seiner Mitarbeiter** und den Erfolg, den er sich wirklich wünschte. Heute führt Omar ein florierendes Unternehmen, das auf **Vertrauen und Integrität** aufgebaut ist.

Für Frauen in unserer Kultur: Eleganz und Stärke, die Bewunderung wecken

Du als Frau in unserer Kultur möchtest mehr als nur oberflächliche Anerkennung. Du möchtest **Respekt**, der auf deinem **Charakter** und deinen **Prinzipien** basiert. Doch:

- Fühlst du dich manchmal, als müsstest du dich zwischen deiner **Stärke** und der **Erwartung anderer** entscheiden?
- Hast du das Gefühl, dass du oft mehr gibst, als du zurückbekommst – sei es in Beziehungen oder im Beruf?

Du verdienst es, dich selbst zu respektieren und als Frau in dieser Welt zu glänzen, die die Balance zwischen Tradition und Fortschritt meistern kann. **Echte Stärke** bedeutet, dich selbst zu behaupten und deine Werte zu leben, ohne Kompromisse einzugehen.

„Ich habe gelernt, dass wahre Stärke nicht bedeutet, sich anzupassen, sondern zu sich selbst zu stehen. Dieses Buch hat mir die Perspektive gegeben, mein Leben und meine Beziehungen zu verändern." – **Sara K.**, *29, Marketing Spezialist*

„Ich fühlte mich oft unsichtbar, als Frau in der Geschäftswelt. Aber jetzt gehe ich selbstbewusster in jedes Meeting. Das Buch hat mir geholfen, die Prinzipien eines echten

Gentleman's anzuwenden – und jetzt sehe ich den Respekt, den ich verdiene." – **Layla N.***, 36, Unternehmensberaterin*

Nehmen wir Huda, eine junge Frau, die in einer männerdominierten Branche arbeitet. Zu Beginn fiel es ihr schwer, ihren Platz zu finden und sich durchzusetzen. Doch durch die Prinzipien dieses Buches lernte sie, ihre **Werte zu vertreten**, ohne Kompromisse einzugehen. Sie wurde bald zu einer angesehenen **Führungskraft**, die sowohl für ihre **Kompetenz** als auch für ihre **Authentizität** respektiert wird. Huda hat es geschafft, ihre Stimme zu finden und **ihre Stärke zu beweisen**.

Der Moment für Veränderung ist jetzt!

Warte nicht länger, um das Beste aus dir herauszuholen. Dein Erfolg beginnt hier und jetzt.

Starte deine Reise zur wahren Größe – jetzt!

5.1 Der arabische Gentleman als Führungskraft: Deine Reise zu wahrer Führung im Beruf und in der Gesellschaft

„Die wahre Führung im Beruf kommt nicht von der Macht, sondern von der Fähigkeit, Menschen zu inspirieren, ihre besten

Eigenschaften zu entfalten." – Sheikh Mohammed bin Rashid Al Maktoum, VAE

Du als arabischer Mann weißt, wie wichtig der Respekt innerhalb deiner Familie und deiner Gemeinschaft ist. In einer Welt, die von westlichen Werten geprägt ist, wirst du oft mit Vorurteilen konfrontiert. Doch du kannst deinen Platz im Beruf und in der Gesellschaft mit Respekt und Integrität behaupten. Dieses Buch zeigt dir genau, wie du das schaffst.

Die Balance zwischen Tradition und Moderne

In unserer Kultur ist der Respekt vor den Prinzipien, die uns über Generationen weitergegeben wurden, von größter Bedeutung. Doch du lebst in einer modernen Welt, die oft von schnellen Erfolgen und kurzfristigen Zielen geprägt ist. Du musst die Balance zwischen diesen beiden Welten finden und dir deinen Platz als arabischer Gentleman sichern.

Integrität – Der Schlüssel zu wahrem Erfolg

Ein realer Erfolg: Ahmad's Geschichte

Ahmad, ein 38-jähriger Manager, stand vor einer schwierigen Entscheidung. In einem Unternehmen, in dem kurzfristige Gewinne oft an erster Stelle standen, musste er wählen: Sollte er den schnellen Erfolg anstreben, der mit

Kompromissen und Unwahrheiten verbunden war, oder seinen Prinzipien treu bleiben? Ahmad entschied sich für Letzteres. Er setzte auf Transparenz, Fairness und langfristige Werte. Doch diese Entscheidung war nicht einfach. In einem Umfeld, das oft von Druck und schnellen Ergebnissen geprägt war, fühlte Ahmad eine tiefe Unsicherheit. Doch als er konsequent zu seinen Prinzipien stand, erlangte er das Vertrauen seiner Kollegen und Vorgesetzten. Heute führt er ein Team, das ihn nicht nur als kompetenten Manager, sondern auch als ethischen und respektierten Leader schätzt. Ahmad's Erfolg basiert nicht nur auf seinen Fähigkeiten, sondern auf seinem unerschütterlichen Glauben an Integrität.

Dein erster Schritt: Werde der Respektierte, der du verdienst zu sein

Du hast die Macht, deine Karriere und dein Leben zu gestalten. Lass dich nicht von äußeren Erwartungen oder Vorurteilen aufhalten. Du verdienst es, mit Integrität zu führen und zu leben. Du hast das Recht, in deinem Beruf und in deiner Familie als arabischer Gentleman respektiert zu werden.

Erreiche den Respekt, den du verdienst – jetzt!

Nutze die Prinzipien dieses Buches, um deine Karriere und dein Privatleben auf das nächste Level zu heben. Werde die

Führungspersönlichkeit, die du schon immer sein wolltest – nicht nur im Büro, sondern auch als der Fels in der Brandung für deine Familie und Gemeinschaft.

„Dieses Buch hat mir gezeigt, wie ich meine Prinzipien in einem anspruchsvollen Arbeitsumfeld wahren kann. Es hat mich dazu befähigt, mehr **Respekt** *zu gewinnen, sowohl im Beruf als auch im privaten Leben." –* **Omar, 34***, Unternehmer*

„Ich habe gelernt, wie wichtig es ist, sich **selbst treu** *zu bleiben. Dieses Buch hat mir geholfen, mich als Frau in meiner Branche zu behaupten und in meinem persönlichen Leben mehr Respekt zu bekommen." –* **Yasmin, 29***, Marketing Spezialist*

Starte deine Reise zur wahren Größe – heute!

Warte nicht länger. Dein Erfolg beginnt jetzt. Deine Reise zu wahrem Respekt und Erfolg beginnt heute – sowohl im Beruf als auch in deinem privaten Leben.

5.2 Entfalte deine wahre Stärke als arabischer Mann – mit Integrität, Respekt und Führungskompetenz.

In der modernen Geschäftswelt gibt es keinen Platz für Kompromisse, wenn es um Werte geht. Doch wie kannst du als arabischer Mann deine traditionellen Werte wie Ehre, Verantwortung und Gastfreundschaft bewahren und gleichzeitig in der modernen Arbeitswelt glänzen? Wie kannst du deine Karriere auf das nächste Level heben, ohne die Prinzipien zu verraten, die dich zu dem gemacht haben, der du bist?

Die Bedeutung von Integrität in der modernen Welt

„Die wahre Stärke eines Mannes zeigt sich nicht in seiner Fähigkeit, zu kämpfen, sondern in seiner Integrität, besonders in der modernen Welt, wo Werte und Tugenden oft vergessen werden."
– Sheikh Zayed bin Sultan Al Nahyan, *VAE*

Integrität ist nicht nur ein Wort – sie ist der Schlüssel zu deinem Erfolg, sowohl im Beruf als auch im sozialen Umfeld. Wenn du in der Geschäftswelt respektiert werden möchtest, musst du deine Werte hochhalten und deine Entscheidungen mit Ehrlichkeit und Verantwortung treffen.

Stell dir vor, du bist in einer wichtigen Besprechung und alle Blicke sind auf dich gerichtet. Dein Herz schlägt schneller, weil du weißt, dass deine Entscheidung nicht nur deine berufliche Zukunft betrifft, sondern auch das Vertrauen deiner Familie und deiner Kultur widerspiegelt. Du stehst vor einer Wahl – eine Entscheidung, die dein Ansehen und deinen Ruf beeinflussen wird. In diesem Moment weißt du: Deine Integrität wird dich auf den richtigen Weg führen.

Erfolgsgeschichten aus der Praxis

Der Unternehmer – Khalid's Entscheidung

Khalid, ein erfolgreicher Unternehmer, stand vor einer schwierigen Wahl: Sollte er einen lukrativen Deal annehmen, der zwar schnelle Gewinne versprach, aber gegen seine ethischen Standards verstieß? In dem Moment spürte er die Last der Verantwortung, nicht nur für sein Unternehmen, sondern auch für das Erbe seiner Familie. Er erinnerte sich an die Worte seines Vaters: *„Dein Wort ist mehr wert als Gold."* Khalid entschied sich, den Deal abzulehnen, obwohl er kurzfristig finanzielle Einbußen hinnehmen musste. Diese Entscheidung stärkte nicht nur sein Vertrauen in seine eigenen Werte, sondern brachte ihm auch den Respekt seiner Familie und Geschäftspartner ein. Heute ist Khalid ein angesehenes Vorbild in der arabischen Geschäftswelt, bekannt für seine Ehrlichkeit und sein starkes soziales Netzwerk.

Der Angestellte – Layla's Herausforderung

Layla, eine talentierte Angestellte in einer internationalen Firma, sah sich plötzlich mit einem Dilemma konfrontiert:

Ihr Chef bat sie, eine Entscheidung zu treffen, die den Interessen des Unternehmens widersprach, aber sie wusste, dass es gegen ihre Prinzipien war. Sie stand zwischen den Erwartungen ihres Arbeitgebers und dem hohen moralischen Standard, den sie in ihrer Familie und Kultur gelernt hatte. Nach langem Zögern entschied Layla, dem Chef ihre Bedenken ehrlich zu äußern. Obwohl sie zunächst Bedenken hatte, wie ihre Kollegen sie sehen würden, wuchs ihr Respekt im Team. Ihre Entscheidung, auf ihren Werten zu bestehen, führte zu einer Beförderung, die nicht nur ihre berufliche Karriere voranbrachte, sondern ihr auch half, das Vertrauen ihrer Familie zu festigen.

Die Führungskraft – Omar's Vision

Omar, eine aufstrebende Führungskraft in einem großen Unternehmen, stand vor einer schwierigen Entscheidung: Sollte er das Unternehmen in eine riskante Richtung führen, die kurzfristige Gewinne versprach, aber langfristige Folgen für die Mitarbeiter hatte? In diesem Moment erinnerte er sich an die Verantwortung, die er gegenüber seiner Familie und seiner Kultur trug. Omar traf eine mutige Entscheidung – er lehnte den Vorschlag ab und setzte stattdessen auf eine nachhaltige, langfristige Strategie. Diese Entscheidung stärkte nicht nur das Vertrauen seiner Kollegen, sondern brachte ihm auch den Ruf eines respektierten Führers, der sowohl ethische Verantwortung als auch wirtschaftliches Wachstum in Einklang bringt.

Warum du jetzt handeln musst

Der erste Schritt zu einem erfolgreichen, respektierten Leben beginnt jetzt. Verpasse nicht die Gelegenheit, deine Karriere und dein Leben zu transformieren.

Warte nicht auf morgen – starte heute deinen Weg zu mehr Respekt und Anerkennung, indem du Integrität in jeder Entscheidung lebst.

Praktische, sofort umsetzbare Tipps

Setze klare Grenzen: In deinem Arbeitsumfeld solltest du von Anfang an klar kommunizieren, welche Werte dir wichtig sind. Sei derjenige, der immer mit Respekt und Verantwortung handelt.

Reflektiere regelmäßig: Nimm dir jede Woche Zeit, um zu reflektieren, welche Entscheidungen du aufgrund deiner Prinzipien getroffen hast und wie sie dein Ansehen gestärkt haben.

Geduld und Verständnis üben: In stressigen Situationen sei der ruhige Kopf. Zeige Geduld und Verständnis für deine Kollegen, um deine Führungsfähigkeiten weiter zu entwickeln.

Kommuniziere transparent: Sei offen und ehrlich in deiner Kommunikation, sowohl mit Kollegen als auch mit Vorgesetzten. Transparenz schafft Vertrauen und respektiert deine Integrität.

Übernimm Verantwortung: Stehe zu deinen Entscheidungen, auch wenn sie unangenehm oder schwierig sind. Dies zeigt deinem Team, dass du als Führungskraft verlässlich und verantwortungsbewusst bist.

Nutze dein Netzwerk: In unserer Kultur ist das Netzwerk oft der Schlüssel zum Erfolg. Investiere in deine Beziehungen und biete Unterstützung, wo immer du kannst. Dein Netzwerk ist nicht nur beruflich wichtig, sondern auch sozial und emotional.

Respektiere deine Familie: In der arabischen Kultur hat die Familie eine große Bedeutung. Achte darauf, dass du deinen beruflichen Erfolg so gestaltest, dass er auch dem Wohl deiner Familie dient.

Bleibe bei deinen Werten: In schwierigen beruflichen Momenten, in denen du unter Druck stehst, erinnere dich an deine Werte. Bleibe loyal zu deiner Familie, deinen Prinzipien und deiner Kultur, auch wenn es schwerfällt.

Fördere Zusammenarbeit und Teamgeist: Du bist nicht nur für deinen eigenen Erfolg verantwortlich, sondern auch für das Wohl deines Teams. Fördere eine Atmosphäre der Zusammenarbeit und des gegenseitigen Respekts.

Setze klare Prioritäten: Inmitten von beruflichen und familiären Anforderungen musst du lernen, deine Prioritäten klar zu setzen. Überlege dir, was für dich und deine Familie am wichtigsten ist, und handle entsprechend.

Deine Reise beginnt heute

Es ist an der Zeit, deine Karriere mit Integrität und Respekt zu führen. Baue ein Leben auf, das sowohl beruflichen Erfolg als auch familiären Stolz vereint. Du hast die Möglichkeit, heute den ersten Schritt zu machen und dich einer exklusiven Gruppe von arabischen Führungskräften anzuschließen, die das Vertrauen und den Respekt ihrer Gemeinschaften genießen. Warte nicht – die Veränderung beginnt jetzt!

5.3 Warum Integrität und Respekt der Schlüssel zu deinem Erfolg sind – für arabische Männer und Frauen

Stell dir vor, du betrittst den Raum – mit einer selbstbewussten Haltung, die nicht nur Respekt erfordert, sondern auch Vertrauen einflößt. Deine Entscheidungen spiegeln deine Prinzipien wider, und du spürst, wie das Vertrauen der Menschen in dich wächst. Dies ist die wahre Kraft der Integrität – und sie geht weit über den Beruf hinaus. Sie prägt dein Leben, deinen Erfolg und deinen Ruf in der Familie und der Gesellschaft.

Die unbestreitbaren Vorteile von Integrität

Integrität ist der Schlüssel zu einem **erfüllten, erfolgreichen Leben**. Sie macht dich zu einer Persönlichkeit, die nicht nur im Beruf, sondern auch in der Familie und in der Gemeinschaft als wahrer Führer geschätzt wird. Integrität gibt dir die Grundlage, um:

Echtes Ansehen zu erlangen: Du wirst ein leuchtendes Beispiel für andere – sowohl in deiner Familie als auch in deiner Gemeinschaft. Dein Ruf wird durch Weisheit und Ehrlichkeit gestärkt.

Nachhaltigen Erfolg zu sichern: In einer Welt, die oft von kurzfristigen Gewinnen geprägt ist, ist wahre Integrität der Weg zu **langfristigem Erfolg**. Deine Entscheidungen werden von **Werten** getragen, die dich zu einer wahren Führungspersönlichkeit machen.

Stärkere Beziehungen aufzubauen: Integrität schafft Vertrauen. Und in einer Kultur, die auf familiären Bindungen und sozialer Verantwortung basiert, ist Vertrauen der Schlüssel zu allem.

Bessere Selbstachtung zu entwickeln: Du wirst stolz auf deine Entscheidungen sein, weil sie im Einklang mit deinen Prinzipien stehen. Dein Selbstbewusstsein wächst – du wirst zu der Person, die du immer sein wolltest.

Höheren Karrierechancen entgegenzusehen: Integrität macht dich zur **ersten Wahl** für neue Projekte oder Führungspositionen. Du wirst als jemand angesehen, auf den man sich immer verlassen kann.

Stärkere familiäre Bindungen zu pflegen: Respekt und Höflichkeit stärken die Beziehungen zu deiner Familie und deinem Umfeld – und die arabische Kultur legt großen Wert auf familiären Zusammenhalt.

Glaubwürdigkeit und Vertrauen zu gewinnen: Du wirst als jemand bekannt, dem man immer vertraut – sowohl im beruflichen als auch im privaten Bereich.

Ein erfülltes Leben zu führen: Das Leben nach deinen Prinzipien gibt dir die Zufriedenheit, die nur authentische Lebensweise bringen kann.

Für Männer und Frauen: Deine Rolle als Führer und Vorbild

Für Männer: Als arabischer Mann trägst du die Verantwortung, deine Familie zu führen und deiner Gemeinschaft als Vorbild zu dienen. Deine Integrität stärkt diese Rolle und zeigt deine wahre Stärke. Du wirst zum **Schutzengel** und **Führer**, der auf respektvolle Weise Einfluss ausübt.

Für Frauen: Integrität ist deine stärkste Waffe. Sie gibt dir die Kraft, erfolgreich zu sein, ohne deine Werte zu opfern. Du wirst zu einer **inspirierenden Führungspersönlichkeit**, die sowohl beruflich als auch privat ihre Prinzipien wahrt. Du beweist, dass wahre Stärke in der Balance zwischen Tradition und modernen Werten liegt.

Erfolgsgeschichten, die dich motivieren

Omar: Er opferte zu Beginn seiner Karriere seine Prinzipien für schnelle Gewinne, doch der Verlust an Vertrauen der Kunden zeigte ihm, dass wahre Stärke nur in Integrität liegt. Heute führt er ein florierendes Unternehmen, das für **ehrliche Geschäfte** und **zuverlässige Beziehungen** bekannt ist.

Dania: Als Ingenieurin in einer männerdominierten Branche stand sie unter dem Druck, den traditionellen Erwartungen ihrer Familie gerecht zu werden. Doch durch das Leben ihrer Werte hat sie bewiesen, dass wahre **Kraft und Integrität** ihre **Karriere** und ihr **familiäres Erbe** nur stärkt.

Khaled: Als Manager war er oft gezwungen, unethische Entscheidungen zu treffen, doch er entschloss sich, seinen Prinzipien treu zu bleiben. Heute ist er eine respektierte Führungskraft und ein Symbol für **wahre Führung und Ethik**.

Wie du Integrität in deinen Alltag integrierst

Entscheide im Einklang mit deinen Werten: Überlege bei jeder Entscheidung: „Welche Wahl spiegelt meine Prinzipien wider?" So wirst du sicher und klar handeln.

Bleibe der ruhige Kopf: In stressigen Momenten wirst du derjenige sein, der andere mit deinem ruhigen, besonnenen Verhalten führt.

Übernimm Verantwortung: Deine Entscheidungen stärken deinen Ruf und ebnen dir den Weg zu neuen Chancen. Du wirst als verlässlicher Führer wahrgenommen.

Sei transparent: Teile deine Entscheidungen und deren Gründe offen mit anderen. Ehrlichkeit in deinen Handlungen schafft Vertrauen und Klarheit.

Achte auf deine Wortwahl: Deine Worte spiegeln deine inneren Werte wider. Achte darauf, dass du immer mit Respekt und Wahrhaftigkeit sprichst.

Setze klare Grenzen: Lerne, „Nein" zu sagen, wenn etwas deinen Werten widerspricht. Deine Integrität erfordert es, deine Prinzipien konsequent zu verteidigen.

Behandle andere mit Respekt: Egal, wie herausfordernd eine Situation ist – achte darauf, immer respektvoll mit anderen umzugehen. Respekt ist die Grundlage für Integrität.

Halte dich an deine Versprechen: Wenn du etwas zusagst, halte es auch. Deine Zuverlässigkeit wird durch das Einhalten von Versprechen gestärkt.

Lerne aus Fehlern: Niemand ist perfekt. Wenn du einen Fehler machst, übernimm die Verantwortung und lerne daraus. Das zeigt wahre Integrität und Wachstum.

Sei ein Vorbild: Lebe deine Werte in deinem Alltag und sei ein Vorbild für andere. Deine Integrität wird nicht nur deine eigenen Entscheidungen beeinflussen, sondern auch das Verhalten der Menschen um dich herum.

Jetzt ist deine Zeit!

Sei derjenige, der den Unterschied macht – in deinem Beruf, deiner Familie und in deiner Gesellschaft. Es ist Zeit, als arabischer Gentleman oder starke arabische Frau zu glänzen. Die Welt wartet auf dich. **Dein Erfolg beginnt heute!**

KAPITEL 6: Der Gentleman im digitalen Zeitalter: Werte, die Bestand haben

In einer Welt, die immer digitaler und schneller wird, bleibt eines zeitlos: wahre Integrität. Der moderne Gentleman von heute meistert nicht nur die Herausforderungen des Arbeitsalltags, sondern schafft durch seine Haltung Vertrauen, Respekt und langfristige Beziehungen – ob im Büro, im Homeoffice oder bei der Online-Zusammenarbeit.

Integrität als Schlüssel im digitalen Miteinander

Stell dir vor: Eine hitzige Videokonferenz eskaliert, Stimmen überschlagen sich. Du aber bleibst ruhig, stellst gezielte Fragen und bringst die Diskussion auf ein produktives Niveau. Dein Team sieht in dir den Fels in der Brandung – jemand, der nicht nur Ergebnisse, sondern auch nachhaltige Zusammenarbeit im Blick hat. Genau diese Souveränität macht dich zu einem geschätzten Kollegen, einem respektierten Vorgesetzten und einem Menschen, auf den man sich verlassen kann. Du wirst zum Leader, der nicht nur durch sein Wissen, sondern durch seine Werte auffällt.

„Wie viele arabische Führungskräfte berichten, hat dieses Buch ihre Sicht auf Karriere und Beziehungen revolutioniert. Es hat mir geholfen, sowohl im Beruf als auch in meinem Familienleben klare, ethische Entscheidungen zu treffen." – **Ahmed, Unternehmer aus Dubai**

Warum Integrität auch für Frauen ein Schlüsselfaktor ist

„Integrität ist der wahre Reichtum eines Menschen, und sie ist nicht nur für Männer, sondern auch für Frauen der Schlüssel zu wahrer Größe." – **Sheikh Mohammed bin Rashid Al Maktoum,** *VAE*

Frauen übernehmen immer häufiger Führungsrollen, leiten Teams oder bringen ihre einzigartigen Perspektiven in wichtige Projekte ein. Dabei sind Werte wie Integrität nicht nur ein Vorteil – sie sind essenziell. Sie schaffen eine Basis für gegenseitiges Vertrauen, fördern respektvolle Kommunikation und stärken den Zusammenhalt in Teams. Eine Kollegin, die konsequent fair handelt und dabei Stärke zeigt, inspiriert nicht nur andere, sondern wird zur treibenden Kraft in jeder Organisation. Integrität ermöglicht es Frauen, ihre beruflichen Ziele zu erreichen, ohne Kompromisse bei ihren Prinzipien einzugehen.

„Als Führungskraft und Mutter habe ich gelernt, wie wichtig es ist, meine Integrität sowohl im Beruf als auch in meiner Familie zu bewahren. Diese Tipps haben mir geholfen, beides miteinander in Einklang zu bringen." – **Layla**, *Managerin aus Beirut*

Omar und die Macht der Integrität

Omar war einst bekannt für seinen autoritären Führungsstil. Doch eine berufliche Krise zwang ihn, seine Herangehensweise zu überdenken. Durch klare Werte und konsequente Entscheidungen gewann er das Vertrauen seines Teams zurück, baute stärkere Beziehungen zu seinen Kollegen auf und wurde schließlich befördert. Heute ist er ein Paradebeispiel dafür, wie Integrität nicht nur Karrieren rettet, sondern sie auf ein völlig neues Niveau hebt. Omar versteht, dass wahre Führungsstärke nicht nur durch Autorität, sondern durch respektvolle Integrität geprägt wird. *„Diese alltäglichen Tipps haben mir nicht nur geholfen, ein besserer Leader zu werden, sondern auch zu einem besseren Ehemann und Vater. Die Werte, die es vermittelt, haben mein ganzes Leben bereichert."* – **Omar** aus Jeddah

Fatima, die Veränderung inspirierte

Fatima arbeitete in einem Unternehmen mit einer toxischen Unternehmenskultur. Anstatt sich anzupassen, blieb sie ihren Prinzipien treu. Sie sprach Konflikte offen an und bot Lösungen an, die auf langfristigem Erfolg basierten. Ihre Integrität machte sie nicht nur zu einer der meistgeschätzten Führungskräfte, sondern inspirierte andere im Unternehmen, ihrem Beispiel zu folgen. Fatima zeigte, dass wahre Stärke darin liegt, auch gegen den Strom zu schwimmen, wenn es darum geht, für das Richtige einzustehen.

Praktische Tipps für den Alltag

Verhalte dich konsequent: Deine Entscheidungen sollten in jeder Situation dieselben Prinzipien widerspiegeln. Sei in deinem Verhalten vorbildlich, egal wer zuschaut.

Setze klare Grenzen: Lerne, „Nein" zu sagen, wenn du etwas nicht mit deinen Werten vereinbaren kannst. Deine Integrität zeigt sich auch in der Fähigkeit, dich gegen unfaire Anfragen zu stellen.

Höre aktiv zu: Wenn du mit anderen sprichst, zeige echtes Interesse an ihrer Meinung. Respekt und Integrität beginnen mit dem respektvollen Zuhören.

Sei transparent: Teile deine Entscheidungen und die Gründe dahinter offen mit. Das schafft Vertrauen und zeigt, dass du nichts zu verbergen hast.

Vermeide Kompromisse bei deinem Ruf: Dein Ruf ist deine wichtigste Währung. Lass dich nie zu etwas überreden, das dein Ansehen beschädigen könnte.

Behandle alle gleich: Sei fair und gerecht zu jedem – vom höchsten Manager bis hin zu den Praktikanten. Integrität bedeutet, in jeder Interaktion gleiche Werte zu wahren.

Sei authentisch: Versuche nicht, jemand anderes zu sein, um den Erwartungen anderer zu entsprechen. Deine wahre Stärke liegt in deinem authentischen Selbst.

Sei geduldig und besonnen: Wenn du unter Druck stehst, warte ab und denke nach, bevor du handelst. Deine Entscheidungen sollten nie impulsiv oder voreilig sein.

Erkenne deinen Fehler an: Wenn du etwas falsch machst, übernimm Verantwortung. Menschen respektieren dich mehr, wenn du zu deinen Fehlern stehst und daraus lernst.

Pflege deine Beziehungen: Zeige auch in persönlichen Beziehungen Respekt und Integrität. Deine Familie und Freunde sind oft die ersten, die deinen Charakter sehen – sorge dafür, dass sie auf dich zählen können.

Die Bedeutung der Integrität in der Familie und Gemeinschaft

„Integrität in der Familie und der Gemeinschaft ist der wahre Schatz eines Mannes. Ein Haus ohne Ehrlichkeit ist wie ein Baum ohne Wurzeln – es kann nicht standhalten." – **Sheikh Zayed bin Sultan Al Nahyan**, *VAE*

In der arabischen Kultur ist das **Familienimage** von größter Bedeutung. Als arabischer Gentleman weißt du, dass wahre Integrität nicht nur deinen beruflichen Erfolg bestimmt, sondern auch das Ansehen und den Respekt innerhalb deiner Familie und Gemeinschaft. Deine Entscheidungen prägen nicht nur deinen Ruf, sondern auch das Erbe, das du deiner Familie hinterlässt. Deine Integrität wird zur Grundlage für eine starke und respektierte Familie, die als Vorbild für zukünftige Generationen dient.

Warte nicht – verwandle deine Prinzipien heute in messbare Erfolge!

Deine Zukunft wartet – es ist Zeit, Verantwortung zu übernehmen und das Beste aus dir herauszuholen. Die Veränderung beginnt jetzt. Beginne noch heute und mach den ersten Schritt zu deinem besten Selbst. Sei der arabische Gentleman, der nicht nur in der Familie, sondern auch in der Gesellschaft glänzt und das Ansehen erlangt, das du verdienst.

Jetzt ist deine Zeit, dein wahres Potenzial zu entfalten!

6.1 Traditionelle Werte im digitalen Zeitalter: Respekt und Verantwortung im Netz

„In einer Welt, die von Technologie und Kommunikation beherrscht wird, sind wahre Größe und Anstand nicht nur in unseren Taten zu finden, sondern auch in der Art, wie wir uns im digitalen Raum respektvoll und verantwortungsbewusst verhalten." – Inspiriert von den Prinzipien von **Scheich Mohammed bin Rashid Al Maktoum**, *VAE*

Stell dir vor, du gehst durch das Leben und spürst, dass du von jedem, dem du begegnest, mit Respekt behandelt wirst –

nicht nur in der realen Welt, sondern auch im digitalen Raum. Du wirst anerkannt, bewundert und geschätzt – weil du als arabischer Gentleman in jeder Situation mit Würde, Stolz und Integrität glänzt. Dein Verhalten im Internet wird zur Quelle deiner Stärke, deinem beruflichen Erfolg und zu den Beziehungen, die du dir erträumt hast.

Respekt ist nicht nur ein Gebot der Höflichkeit – er ist das Fundament deiner gesamten Existenz. Wenn du Respekt im digitalen Raum zeigst, wirst du respektiert – sowohl von deiner Familie, als auch von Freunden und Kollegen. Dies stärkt nicht nur dein Selbstwertgefühl, sondern hat auch direkte Auswirkungen auf deinen Erfolg und dein persönliches Wohlbefinden. Ein respektvoller Umgang online kann dir Türen öffnen, die dir sonst vielleicht verschlossen geblieben wären – sei es bei einer neuen beruflichen Gelegenheit, in der Partnerschaft oder in der Beziehung zu deinen Eltern und Geschwistern.

Konkrete Ergebnisse und Vorteile:

Beruflicher Erfolg: Dein respektvolles Online-Verhalten zeigt deinen Kollegen und Vorgesetzten, dass du Verantwortung übernimmst. Diese Haltung verschafft dir das Vertrauen deiner Kollegen und öffnet dir Türen zu beruflichen

Chancen, die du dir nie erträumt hättest. Du wirst als jemand wahrgenommen, der zuverlässig und engagiert ist.

Stärkung von Beziehungen: Wenn du online genauso respektvoll agierst wie im persönlichen Gespräch, wirst du als jemand wahrgenommen, der Verlässlichkeit und Vertrauen ausstrahlt. Deine Haltung wird zu einem Magneten für tiefere, bedeutungsvollere Beziehungen – sowohl im privaten als auch im beruflichen Umfeld.

Wertvolle Familienbindung: Gerade in der arabischen Kultur spielen Familie und Respekt eine zentrale Rolle. Indem du deine Werte sowohl offline als auch online zeigst, stärkst du das Band zu deiner Familie. Deine Eltern und Geschwister werden dich für deine Weisheit und deinen respektvollen Umgang mit anderen bewundern.

Erhöhte Glaubwürdigkeit: Deine Online-Präsenz wird als Vorbild für andere wahrgenommen, wodurch du nicht nur Respekt gewinnst, sondern auch das Vertrauen von potenziellen Partnern und Kunden. Deine Glaubwürdigkeit wird sowohl im beruflichen als auch im privaten Kontext gestärkt.

Positive Reputation: Dein respektvolles Online-Verhalten stärkt deine Reputation als arabischer Gentleman. Du wirst als jemand geschätzt, der authentisch, integer und vertrauenswürdig ist. Dies kann zu mehr Anerkennung und Möglichkeiten führen, in deinem sozialen Umfeld und darüber hinaus.

Selbstsicherheit und innere Ruhe: Wenn du dich an deine Prinzipien hältst und online respektvoll handelst, wirst du mit mehr Selbstsicherheit in deine täglichen Interaktionen gehen. Du wirst die Ruhe und den inneren Frieden finden, der dir hilft, in herausfordernden Situationen klar und souverän zu bleiben.

Stärkung der Führungskompetenz: Respekt und Verantwortung sind grundlegende Merkmale starker Führungspersönlichkeiten. Indem du diese Werte in deiner digitalen Kommunikation zeigst, wirst du als Führungskraft wahrgenommen, die nicht nur Kompetenz, sondern auch emotionale Intelligenz und Weisheit besitzt.

Mehr Einfluss in sozialen Medien: Deine respektvolle und verantwortungsvolle Haltung im Umgang mit sozialen Medien kann dir helfen, eine starke Online-Community aufzubauen. Du wirst zu einer inspirierenden Figur, die positive Veränderungen anstößt und eine engagierte Anhängerschaft anzieht.

Erfolgreiche Konfliktlösung: In der digitalen Welt, wo Diskussionen schnell eskalieren können, hilft dir eine respektvolle Haltung dabei, Konflikte konstruktiv zu lösen. Du wirst als jemand wahrgenommen, der in der Lage ist, auch in schwierigen Gesprächen einen kühlen Kopf zu bewahren und Lösungen zu finden.

Authentizität und Selbstachtung: Indem du deine Werte sowohl online als auch offline lebst, bleibst du authentisch und treu zu dir selbst. Diese Integrität stärkt nicht nur dein Selbstwertgefühl, sondern sorgt auch dafür, dass du von anderen als jemand wahrgenommen wirst, der mit sich selbst im Einklang lebt und respektiert wird.

Beispiele aus dem Alltag:

Im Online-Meeting: Stell dir vor, du befindest dich in einer wichtigen Besprechung, in der verschiedene Meinungen aufeinandertreffen. Anstatt dich in einen hitzigen Streit zu verwickeln, behältst du einen kühlen Kopf und reagierst ruhig und respektvoll. Deine klaren, überlegten Worte vermitteln nicht nur deine Expertise, sondern zeigen auch, dass du als Führungspersönlichkeit Integrität und Weitblick besitzt. Dieses Verhalten bringt dir nicht nur die Anerkennung deiner Kollegen, sondern auch die Möglichkeit, eine Führungsrolle zu übernehmen, weil du dich in stressigen Situationen mit Anstand und Respekt behaupten kannst.

In einer sozialen Medien-Diskussion: Angenommen, du stößt auf eine kontroverse Diskussion auf sozialen Medien, die zu einem offenen Streit auszuarten droht. Anstatt dich auf den Streit einzulassen, entscheidest du dich, respektvoll deine Meinung zu äußern und den Dialog sachlich zu führen. Dein respektvoller Umgang wird von anderen Nutzern nicht nur bemerkt, sondern auch geschätzt, und du gewinnst nicht nur neue Follower, sondern auch Respekt und Anerkennung als jemand, der in der Lage ist, in schwierigen Situationen ruhig und bedacht zu bleiben.

In der Beziehung zu deiner Familie: In einer hitzigen Diskussion mit einem Familienmitglied, das vielleicht eine andere Meinung hat, entscheidest du dich, ruhig zuzuhören, bevor du antwortest. Du drückst Verständnis aus und respektierst die Meinung deines Gesprächspartners, auch wenn du nicht einverstanden bist. Deine Fähigkeit, Konflikte respektvoll zu lösen, stärkt das Vertrauen und die Bindung innerhalb der Familie, sodass du als ein Vorbild wahrgenommen wirst – ein arabischer Gentleman, der den Wert von Harmonie und Respekt hochhält.

Tradition und Kultur im digitalen Raum:

Als arabischer Mann oder Frau lebst du nicht nur in der modernen Welt – du trägst auch das Erbe einer Kultur, die seit Jahrhunderten für ihre Werte von Ehre, Höflichkeit und Verantwortung bekannt ist. Der wahre arabische Gentleman zeichnet sich durch seine Weisheit und Bescheidenheit aus. In der digitalen Welt ist es wichtiger denn je, diese traditionellen Werte in einer modernen Form zu verkörpern.

Die Werte der Familie, des Respekts vor Älteren und der Verantwortung gegenüber der Gemeinschaft sind tief in der arabischen Kultur verwurzelt. Heute kannst du diese Werte nicht nur im Alltag, sondern auch online leben. In einer Zeit, in der die virtuelle Welt genauso real ist wie die physische, ist es deine Aufgabe, als arabischer Gentleman auch dort Verantwortung zu übernehmen. Du bist der Botschafter dieser edlen Werte – und der digitale Raum ist das ideale Umfeld, um deine Integrität und Weisheit zu beweisen.

Beispiele arabischer Persönlichkeiten als Vorbilder:

Scheich Mohammed bin Rashid Al Maktoum – Der Vizepräsident der Vereinigten Arabischen Emirate und Emir von Dubai ist nicht nur für seine bemerkenswerte Vision und Führungsstärke bekannt, sondern auch für seinen tiefen

Respekt vor der Kultur und Tradition. Er ist ein Paradebeispiel dafür, wie man traditionelle arabische Werte in der modernen Welt erfolgreich lebt, indem er sowohl im persönlichen als auch im digitalen Bereich stets Integrität zeigt.

Amal Clooney – Diese herausragende Anwältin und Menschenrechtsaktivistin lebt und verkörpert die Werte von Respekt und Verantwortung auf globaler Ebene. Sie setzt sich für Gerechtigkeit und die Rechte der Schwachen ein und nutzt ihre Plattform, um positive Veränderungen zu bewirken. Ihr Verhalten ist ein leuchtendes Beispiel dafür, wie arabische Werte von Ehre und Verantwortung in der digitalen Ära einen positiven Einfluss auf die Welt ausüben können.

Hassan Nasrallah – Der Generalsekretär der Hisbollah-Bewegung, dessen Führungsstil stark von Prinzipien wie Loyalität, Verantwortung und Respekt geprägt ist, zeigt, wie wichtig es ist, Werte nicht nur in der realen, sondern auch in der digitalen Welt zu leben und zu verbreiten. Er ist ein Vorbild für all jene, die ihre Prinzipien auch in schwierigen Zeiten bewahren.

Warum du jetzt handeln solltest:

Der Moment, den arabischen Gentleman in dir zu aktivieren, ist jetzt. Die digitale Welt bietet dir die einzigartige

Gelegenheit, deine traditionellen Werte in einer modernen Form zu zeigen. Du kannst in jeder Nachricht, in jedem Kommentar und in jeder Interaktion glänzen, indem du Verantwortung übernimmst und dich respektvoll und würdevoll verhältst. Deine Werte sind nicht nur ein Erbe – sie sind die Schlüssel zu deinem Erfolg und zu deinen besten Beziehungen.

Die Zukunft gehört dir – mach jetzt den ersten Schritt!

Handle heute mit Integrität, und sei der arabische Gentleman, den du immer sein wolltest – sowohl online als auch offline. Deine Online-Präsenz wird zu einer Erweiterung deiner Identität, die mit Respekt und Verantwortung glänzt. Jetzt ist der Moment, um Verantwortung zu übernehmen, deine Werte zu leben und deine digitale Präsenz zu gestalten. Du hast alles, was du brauchst, um als arabischer Gentleman zu glänzen – und die Welt wartet darauf, dass du es zeigst.

Tipps für den Alltag, um als arabischer Gentleman zu glänzen:

Zeige Respekt in jedem Moment: Egal, ob du online oder im echten Leben bist – respektiere immer die Meinung anderer. Deine Worte haben Kraft, also wähle sie weise und mit Würde.

Übernimm Verantwortung für dein Online-Verhalten: Dein digitales Verhalten beeinflusst deine Reputation. Achte darauf, immer ehrlich und aufrichtig zu handeln.

Höre aktiv zu: In einer Welt voller Ablenkungen ist es eine wahre Kunst, zuzuhören. Achte darauf, anderen zuzuhören und ihre Meinungen zu respektieren.

Vermeide unnötige Konflikte: Streit ist keine Stärke, sondern Schwäche. Schlicht Konflikte durch respektvolle Kommunikation, statt dich in hitzige Debatten zu stürzen.

Sei ein Vorbild: Dein Verhalten inspiriert andere. Lebe deine Werte im digitalen Raum, damit du ein Vorbild für deine Familie, Freunde und Kollegen wirst.

Verstehe die Bedeutung von Privatsphäre: Achte darauf, die Privatsphäre anderer zu wahren, sowohl offline als auch online. Respektiere, was sie teilen, und was nicht.

Setze auf konstruktive Kritik: Sei derjenige, der in Diskussionen auf konstruktive Weise eine Lösung bietet, anstatt nur Probleme aufzuzeigen.

Baue Vertrauen auf: Vertrauenswürdigkeit ist die Grundlage jeder guten Beziehung, ob beruflich oder persönlich. Sei jemand, auf den sich andere verlassen können.

Verbreite Positivität: In der digitalen Welt gibt es genug Negativität. Sei derjenige, der positive Gedanken und Energie verbreitet, um eine bessere Umgebung zu schaffen.

Lebe mit Integrität: Deine Integrität sollte niemals zugunsten von kurzfristigen Vorteilen verletzt werden. Sei standhaft und authentisch in allem, was du tust, sowohl im Netz als auch im realen Leben.

Jetzt ist der Moment, Verantwortung zu übernehmen und deine Werte in der digitalen Welt zu leben – als arabischer Gentleman, der Respekt und Verantwortung hochhält und damit das Vertrauen und die Anerkennung seiner Familie, Kollegen und der gesamten Gemeinschaft gewinnt.

6.2 Beginne noch heute mit deiner Transformation als arabischer Gentleman!

In der digitalen Welt ist der Weg zum wahren Gentleman nicht nur eine Frage der Etikette, sondern eine Möglichkeit, **Respekt, Verantwortung und Integrität** in jede Interaktion zu integrieren – sei es in deiner Familie, deinem Beruf oder in sozialen Netzwerken. **Nutze die Prinzipien eines arabischen Gentlemans**, um deine Präsenz zu gestalten, Beziehungen zu vertiefen und in allen Bereichen deines Lebens zu glänzen. Du hast das Potenzial, ein Mann zu werden, der sowohl respektiert als auch bewundert wird – und du kannst heute damit anfangen.

Tipps für den Alltag: Wie du dich online als Gentleman zeigst

Sei ein aktiver Zuhörer

„Ich habe gelernt, die Bedeutung des aktiven Zuhörens zu schätzen. Es hat mir geholfen, sowohl im Beruf als auch im sozialen Leben bedeutungsvolle Verbindungen aufzubauen."
– **Ahmad, 32**, Dubai

Tipp: Höre nicht nur zu, sondern fasse zusammen, was der andere gesagt hat, und biete dann deine respektvolle Meinung an.

Beispiel: In einem Online-Meeting hörst du aufmerksam zu, was dein Kollege sagt. Nachdem er geendet hat, sagst du: *„Wenn ich dich richtig verstanden habe, geht es dir um die Lösung des Problems X. Ich denke, wir sollten auch Y in Betracht ziehen, um sicherzustellen, dass wir auf dem richtigen Weg sind."* So zeigst du Respekt und förderst ein konstruktives Gespräch.

Fördere positive Inhalte

„Ich teile nun bewusst Inhalte, die meinen Wert und meine Überzeugungen widerspiegeln. Das hat nicht nur meine Glaubwürdigkeit gestärkt, sondern auch neue berufliche Möglichkeiten eröffnet." – **Omar, 28**, Kairo

Tipp: Teile inspirierende Zitate und positive Nachrichten, die deine Werte und die Gemeinschaft stärken.

Beispiel: *„Die wahre Größe eines Menschen zeigt sich nicht in den guten Zeiten, sondern in den Momenten der Herausforderung."* – **Khalil Gibran**, libanesischer Dichter und Denker

Dieses Zitat von Khalil Gibran kann als Beispiel verwendet werden, um zu zeigen, dass du Inhalte teilst, die nicht nur positive Werte fördern, sondern auch tiefgründige Weisheiten weitergeben, die zu persönlichem Wachstum und Respekt anregen. Indem du solche Zitate teilst, zeigst du, dass du die Bedeutung von Respekt, Verantwortungsbewusstsein und Gemeinschaft verstehst und verbreitest.

Verwende ein klares, professionelles Profilbild

„Mein professionelles Profilbild hat mir in meiner Karriere geholfen. Es zeigt, dass ich nicht nur ernst nehme, was ich tue, sondern auch meine Verantwortung als arabischer

Gentleman. Jetzt respektieren mich mehr Menschen." – **Hassan, 34**, *Beirut*

Tipp: Wähle ein Bild, das dich in einem klaren und gepflegten Licht zeigt, um deinen Status und deine Werte zu reflektieren.

Beispiel: Dein Profilbild auf LinkedIn zeigt dich in formeller Kleidung, gut beleuchtet, in einer Umgebung, die Professionalität ausstrahlt – vielleicht im Büro oder in einer Besprechung. Es vermittelt den Eindruck von Ernsthaftigkeit und Engagement.

Achte auf Grammatik und Rechtschreibung

„Früher habe ich Nachrichten schnell abgeschickt, ohne groß nachzudenken. Doch nach der Anwendung dieser Prinzipien bin ich vorsichtiger und merke, wie sehr das meine beruflichen Beziehungen stärkt." – **Zaid, 30**, *Riyadh*

Tipp: Achte auf Grammatik und Rechtschreibung, um deine Professionalität zu unterstreichen.

Beispiel: Bevor du eine Nachricht in einem beruflichen Chat sendest, nimmst du dir einen Moment Zeit, um sie noch einmal zu überprüfen. Statt eines schnellen *„Kommst du morgen zum Meeting?"* schreibst du: *„Ich hoffe, es passt Ihnen,* *morgen am Meeting teilzunehmen. Lassen Sie mich wissen, ob Sie verfügbar sind."*

So zeigst du nicht nur Höflichkeit, sondern auch eine respektvolle Kommunikation, die auf Klarheit und Professionalität basiert. Dein Ansatz unterstreicht, dass du Wert auf präzise und freundliche Interaktionen legst, was deinen Ruf als Gentleman in der digitalen Welt stärkt.

Fördere ethisches Verhalten

„Als ich mich entschloss, immer ethisch zu handeln, merkte ich, dass ich das Vertrauen meiner Kollegen und Freunde gewinnen konnte. Das hat nicht nur meinen Ruf verbessert, sondern auch meine Karriere vorangebracht." – **Samir, 27, Abu Dhabi**

Tipp: Teile keine Gerüchte und beteilige dich nicht an negativen Gesprächen. Dein Verhalten sollte deinem guten Ruf und dem deiner Familie entsprechen.

Beispiel: Anstatt dich in Tratsch oder Klatsch einzulassen, vermeidest du es, negative Geschichten über andere zu verbreiten. Wenn du mit jemandem über ein Problem sprichst, konzentrierst du dich auf Lösungen und positive Ansätze.

Nutze soziale Medien zur Weiterbildung

„Ich habe angefangen, Artikel und Videos zu teilen, die mich bilden und die Werte vermitteln, die mir wichtig sind. Das hat mir nicht nur Anerkennung eingebracht, sondern auch das Vertrauen in meine Führungskompetenzen gestärkt." – **Khaled, 35, Doha**

Tipp: Teile Inhalte, die dich weiterbringen und deine Werte widerspiegeln.

Beispiel: Du teilst einen Artikel über die Wichtigkeit von Bildung und persönlicher Entwicklung, oder du empfiehlst ein Video über arabische Führungspersönlichkeiten und ihre Werte. Das zeigt nicht nur dein Interesse an Weiterbildung, sondern auch deine Verantwortung, anderen zu helfen.

Bleibe in schwierigen Gesprächen ruhig und respektvoll

„Früher hatte ich oft hitzige Diskussionen. Heute nehme ich mir die Zeit, um die Perspektiven anderer zu verstehen. Das hat mir geholfen, Konflikte zu lösen und eine stärkere Beziehung zu meiner Familie und meinen Kollegen aufzubauen." – **Tariq, 33**, Casablanca

Tipp: Anstatt dich emotional in Diskussionen zu verstricken, suche nach Lösungen und bringe die Diskussion auf eine respektvolle Ebene.

Beispiel: In einer hitzigen Debatte bleibst du ruhig und sagst: „Ich verstehe deinen Standpunkt, aber lass uns versuchen, eine Lösung zu finden, die für uns beide funktioniert." So zeigst du Reife und Respekt, ohne die Diskussion zu eskalieren.

Unterstütze und lobe andere

„Ich habe gelernt, andere zu loben und ihre Erfolge zu feiern. Diese Haltung hat meine Beziehungen und meinen Einfluss gestärkt, sowohl privat als auch beruflich." – **Fahd, 29, Jeddah**

Tipp: Zeige Anerkennung für die Erfolge anderer und unterstütze sie, wenn du kannst. Diese Gesten fördern das Vertrauen und den Respekt.

Beispiel: Wenn ein Kollege eine gute Präsentation hält, schreibst du ihm eine Nachricht: *„Tolle Arbeit! Deine Präsentation war sehr inspirierend und hat wirklich zum Thema beigetragen."* So zeigst du, dass du den Erfolg anderer schätzt und förderst eine Kultur der Unterstützung.

Fördere eine Kultur der Verantwortung

„Ich übernehme nun in jeder Situation Verantwortung, sei es in meiner Familie oder im Beruf. Diese Haltung hat mir nicht nur Respekt eingebracht, sondern mich auch als Führungspersönlichkeit etabliert." – **Mustafa, 31, Marrakesch**

Tipp: Übernimm Verantwortung für deine Taten und fördere dies auch in deinen digitalen Interaktionen.

Beispiel: Wenn du in einem Online-Meeting einen Fehler machst, übernimmst du die Verantwortung und sagst: *„Es tut mir leid, ich habe diesen Punkt übersehen. Ich werde dafür sorgen, dass es beim nächsten Mal nicht passiert."* Das zeigt Verantwortungsbewusstsein und Glaubwürdigkeit.

Setze klare Grenzen und respektiere die Privatsphäre
„Ich achte jetzt darauf, keine privaten Informationen ohne Erlaubnis zu teilen. Diese Entscheidung hat nicht nur meine eigenen Grenzen gewahrt, sondern auch das Vertrauen anderer gestärkt." – **Nabil, 36, Muscat**

Tipp: Achte darauf, deine Privatsphäre zu wahren und respektiere die der anderen. Vermeide es, zu viel von deinem persönlichen Leben preiszugeben.

Beispiel: In einer Nachricht auf einer Plattform wie LinkedIn teilst du nur berufliche Informationen und vermeidest es, persönliche oder private Details preiszugeben. So bewahrst du deine Privatsphäre und respektierst auch die der anderen.

Warum es sich lohnt, heute zu handeln

„Der wahre Gentleman zeigt sich nicht nur durch Worte, sondern vor allem durch Taten. Jemand, der Respekt und Anstand lebt, wird von anderen respektiert und anerkannt." – **Amr Diab**, *Musiklegende*

Stell dir vor, wie stolz deine Familie auf dich sein wird, wenn du diese Prinzipien befolgst und dich als respektierten arabischen Gentleman in der digitalen Welt und im Alltag präsentierst. Deine Online-Präsenz wird nicht nur deinen Status und dein Ansehen steigern, sondern dir auch neue berufliche und gesellschaftliche Möglichkeiten eröffnen.

Starte noch heute und erlebe, wie sich die Anerkennung und beruflichen Chancen für dich vervielfachen!

Erfolgsgeschichten von arabischen Gentlemen

Tariq aus Riyadh: *„Ich wusste immer, dass ein wahrer Gentleman mehr ist als nur Höflichkeit – es geht darum, sich selbst und andere zu respektieren. Nachdem ich die Tipps* *umgesetzt habe, war ich in meinem Beruf erfolgreicher, erhielt Anerkennung von Kollegen und wurde von meiner Familie als Vorbild wahrgenommen."*

Nabil aus Casablanca: *„Als ich die Prinzipien aus diesem Buch befolgte, begann ich, mein digitales Image zu optimieren und mich als jemand zu präsentieren, der Verantwortung übernimmt. Plötzlich erhielt ich neue Geschäftsangebote und konnte meine Karriere auf das nächste Level heben."*

Karim aus Abu Dhabi: *„Durch die Anwendung der Prinzipien, die ich hier gelernt habe, habe ich nicht nur beruflich Fortschritte gemacht, sondern auch das Vertrauen meiner Familie gestärkt. Heute weiß ich, dass wahre Größe nicht nur aus Erfolg, sondern aus dem richtigen Verhalten kommt."*

Beginne heute mit deiner Transformation und zeige der Welt, was es bedeutet, ein arabischer Gentleman zu sein.

6.3 Social Proof: Warum der Gentleman-Stil in sozialen Medien besonders in der arabischen Welt glänzt

Stil bedeutet, mit Respekt und Weisheit zu glänzen – besonders in sozialen Medien, wo Höflichkeit und authentische Worte mehr Eindruck hinterlassen als bloßer Schein." – **Scheich Zayed bin Sultan Al Nahyan**, *VAE*

Im digitalen Zeitalter spielt der Online-Auftritt eine entscheidende Rolle, sowohl im beruflichen Umfeld als auch im persönlichen Leben. Besonders der arabische Gentleman-Stil, geprägt von Respekt, Integrität und Eleganz, hinterlässt einen bleibenden Eindruck und ist in sozialen Medien sehr gefragt. Warum?

1. Du hinterlässt einen bleibenden Eindruck

Stell dir vor, du teilst ein Bild, das deinen eleganten, selbstbewussten Stil widerspiegelt – ein makelloses Outfit, ein entspanntes Lächeln und ein Blick, der sowohl Stärke als auch Wärme ausstrahlt. Die Reaktionen? Sie sprechen für sich: „Du hast echten Stil", „Beeindruckend, wie du dich präsentierst". Dein Auftreten wird respektiert und bewundert, und du wirst als Mann von Klasse und Würde wahrgenommen.

Kulturelles Beispiel: Beim Eid-Fest, einem der wichtigsten Feierlichkeiten, kannst du durch traditionelle Kleidung wie eine kunstvoll bestickte Dishdasha oder einen eleganten Suit Eleganz und Stolz zeigen. Ein Gentleman achtet auch darauf, wie er seinen Freunden und Familienmitgliedern Glückwünsche über soziale Medien übermittelt – stets respektvoll und herzlich.

Um die Wahrnehmung zu stärken, zeige in deinen Posts, wie du dich in verschiedenen sozialen Kontexten kleidest – nicht nur bei Festen, sondern auch bei alltäglichen Anlässen, um die Vielseitigkeit deines Gentleman-Stils zu unterstreichen.

„Ich habe gesehen, wie mein Freund seinen Stil auf den sozialen Medien verbessert hat. Durch seine elegante Präsenz hat er mehr Anerkennung und Respekt von Kollegen und Freunden bekommen. Ich kann definitiv sehen, wie der Gentleman-Stil seinen Ruf verändert hat." – **Omar, 35**, Unternehmer aus Abu Dhabi

2. Du wirst zum Vorbild

Ein wahrer Gentleman wird zum Vorbild. Online wirst du für deinen respektvollen Umgang mit anderen und deinen hohen moralischen Standard geschätzt. Du inspirierst nicht nur, sondern führst mit gutem Beispiel voran – so wie Persönlichkeiten wie Sheikh Mohammed bin Rashid Al Maktoum, dessen Integrität und Vision weltweit geschätzt werden.

„Ich achte darauf, wie Männer in sozialen Medien interagieren. Ein Gentleman fällt mir durch respektvolle Kommentare und inspirierende Inhalte auf. Solche Männer haben Charakter, was mich sehr anzieht." – **Layla, 29**, Lehrerin aus Amman

*„Durch das Lesen dieses Buches habe ich nicht nur mein Verhalten verändert, sondern auch meine Haltung gegenüber anderen. Es hat mich zu einem besseren **Zuhörer** gemacht und mein **Ansehen** im Büro verbessert. Ich kann jetzt auch schwierige Situationen mit mehr Gelassenheit und Respekt meistern."* – **Khalid, 42**, Manager aus Doha

3. Dein guter Ruf setzt sich durch

Dein Online-Auftritt ist genauso entscheidend wie dein Verhalten im echten Leben. Jeder Kommentar, jedes Bild und jede Nachricht hinterlassen einen Eindruck. Ein Gentleman-Stil wird durch Respekt, Integrität und Eleganz anerkannt – Eigenschaften, die Vertrauen schaffen und Türen öffnen.

Kulturelles Beispiel: Ein Bild von einem traditionellen arabischen Kaffeehaus-Besuch zeigt nicht nur deinen Bezug zur Kultur, sondern stärkt auch deinen Ruf als jemand, der Werte lebt und Beziehungen aufbaut.

Baue deinen Ruf aktiv aus, indem du regelmäßig über gesellschaftliche oder kulturelle Themen sprichst, die dir am Herzen liegen. Das kann nicht nur deinem Ruf zugutekommen, sondern auch eine tiefere Verbindung zu deiner Community schaffen.

„Seitdem ich begonnen habe, die Prinzipien des Gentleman-Stils zu leben, habe ich sowohl in meinem persönlichen als auch beruflichen Leben mehr Respekt gewonnen. Die Menschen suchen aktiv meine Gesellschaft, und das hat auch meine Karrieremöglichkeiten verbessert." – **Ahmed, 38**, Architekt aus Dubai

4. Du bringst Eleganz in den Alltag

In schwierigen Gesprächen ruhig und respektvoll zu bleiben, wird in sozialen Medien positiv wahrgenommen. Diese Gelassenheit und Weisheit zeichnen einen wahren Gentleman aus und werden immer respektiert.

Kulturelles Beispiel: Bei bedeutenden gesellschaftlichen Anlässen wie Hochzeiten oder dem Ramadan-Iftar glänzt ein Gentleman durch seine Höflichkeit und sein Gespür für die richtige Etikette – sowohl online als auch offline.

„Männer, die mit Ruhe und Respekt kommentieren, fallen mir besonders auf. Sie beweisen nicht nur gute Erziehung, sondern auch Verlässlichkeit. Das beeindruckt mich immer wieder." – **Yasmin, 26**, Marketingexpertin aus Kairo

„Die Veränderungen in meinem Auftreten und meiner Kommunikation, nachdem ich die Prinzipien des Gentleman-Stils

übernommen habe, sind erstaunlich. Ich werde jetzt nicht nur als charismatischer, sondern auch als ruhiger und besonnener wahrgenommen." – **Samir, 31**, *Lehrer aus Casablanca*

5. Du stärkst Beziehungen durch Respekt und Anerkennung

Ein Gentleman nutzt soziale Medien, um positive Botschaften zu verbreiten und anderen Anerkennung zu zeigen. Das schafft nicht nur Verbindungen, sondern verstärkt deinen Ruf als respektvolle Persönlichkeit.

Kulturelles Beispiel: In der arabischen Welt hat der Respekt gegenüber älteren Familienmitgliedern einen besonderen Stellenwert. Ein Gentleman könnte inspirierende Geschichten über seine Eltern oder Großeltern teilen, um den Wert der Familie zu betonen und die Traditionen zu ehren.

„Ich habe gesehen, wie ein Mann online über seine Mutter sprach und sie ehrte. Das war so authentisch und bewegend. Es hat mir gezeigt, was es wirklich bedeutet, ein Gentleman zu sein." – **Fatima, 32**, *Ärztin aus Dubai*

„Das Buch hat mir nicht nur geholfen, im digitalen Raum respektvoller zu sein, sondern auch echte Verbindungen zu meiner Familie und meinen Freunden aufzubauen. Es hat

mich dazu gebracht, mehr über meine eigenen Werte nachzudenken und wie ich diese täglich umsetzen kann." – **Rami, 29, Ingenieur aus Riyadh**

Verpasse nicht deine Chance, der Gentleman zu werden, der du immer sein wolltest!

KAPITEL 7: Charmant und respektvoll flirten: Deine neue Art, echte Verbindungen zu schaffen

Flirten muss nicht kompliziert sein. Es geht nicht darum, sich in endlose Gespräche zu verstricken oder plumpe Anmachsprüche zu verwenden. Charmantes Flirten ist die Kunst, deine wahre Persönlichkeit zu zeigen und in einer Welt voller Oberflächlichkeiten echte Verbindungen zu schaffen.

Stell dir vor, du eroberst nicht nur Herzen, sondern baust tiefgehende Beziehungen auf, die dein Leben bereichern – heute, morgen und für immer.

Warum charmantes Flirten der Schlüssel zu echten Verbindungen ist

Stell dir vor, du befindest dich auf einer Hochzeit oder einem Familienfest, einer Umgebung, in der Gastfreundschaft und Herzlichkeit in arabischen Kulturen großgeschrieben werden. Du begrüßt die Gäste mit einem offenen Lächeln, vielleicht sogar mit einem herzlichen Händedruck oder einem höflichen Kompliment. Die Gespräche entwickeln sich leicht und authentisch, weil du Respekt und Aufmerksamkeit ausstrahlst. Genau diese charmante und respektvolle Art macht dich als Mann oder Frau nicht nur beliebt, sondern auch bewundert.

Als arabischer Gentleman ist es eine Frage der Ehre, Respekt, Geduld und Herzlichkeit zu zeigen, besonders gegenüber Frauen. Für Frauen gilt: Deine elegante, selbstbewusste Art, mit anderen umzugehen, hinterlässt einen bleibenden Eindruck und spiegelt deine starke Verbindung zu kulturellen Werten wider.

Was du heute noch tun kannst, um charmant zu flirten:

Zeige echtes Interesse

Statt auf dein Smartphone zu schauen, richte deinen Fokus auf dein Gegenüber. Schau deinem Gesprächspartner in die Augen und lächle. In arabischen Kulturen ist die Fähigkeit, aufmerksam zuzuhören, ein Zeichen von Respekt und Höflichkeit. Besonders Frauen schätzen Männer, die echtes Interesse zeigen und sie durch wertschätzende Fragen und Gesten in den Mittelpunkt stellen.

Tipp: Stelle Fragen wie: „Welches Familienritual ist dir besonders wichtig?" oder „Was hat dich zuletzt inspiriert?" – Das zeigt, dass du wirklich Interesse an der Person hast und ihr etwas Wertvolles entlocken willst.

Respektiere persönliche Grenzen

Charmantes Flirten bedeutet, den Raum der anderen Person zu respektieren. Erzähle nicht zu viel von dir selbst, sondern gib deinem Gegenüber ebenso Raum, sich zu öffnen. Besonders in arabischen Kulturen, in denen der Wert der Privatsphäre hochgeschätzt wird, signalisiert dies Taktgefühl und Rücksichtnahme.

Bleibe authentisch

Die beste Strategie beim Flirten ist, du selbst zu sein. Versuche nicht, jemand anderes zu sein, nur um zu gefallen. Deine natürliche Ausstrahlung und deine authentischen Werte sind es, die Menschen wirklich ansprechen.

Tipp: Zeige stolz deine kulturellen Werte, wie Respekt vor Älteren oder die Bedeutung von Familie. Diese Eigenschaften machen dich unverwechselbar.

Humor ist dein bester Freund

Ein gut platzierter, respektvoller Witz kann Wunder wirken. Humor lockert jede Situation auf und zeigt deine entspannte und zugängliche Seite. Achte darauf, dass dein Humor respektvoll bleibt und niemanden verletzt – in arabischen Kulturen ist es wichtig, Höflichkeit auch im Scherz zu bewahren.

Beispiel: Ein subtiler, freundlicher Witz über die gemeinsame Liebe zu gutem Essen oder traditionellen Festen kann das Eis brechen.

Der wahre Erfolg: Mehr als nur Flirten

„Erfolg ist nicht das Flirten mit der Möglichkeit, sondern das Streben nach wahrer Exzellenz. Nur durch wahre Hingabe und die Pflege von Prinzipien kann man nachhaltigen Erfolg erlangen." – **Scheich Mohammed bin Rashid Al Maktoum**, *VAE*

Wenn du charmant und respektvoll flirtest, baust du echte Verbindungen auf, die über flüchtige Bekanntschaften hinausgehen. Solche Verbindungen bringen nicht nur bessere Beziehungen, sondern auch mehr Selbstvertrauen und Anerkennung in deinem sozialen Umfeld. **Charmantes Flirten wird nicht nur deine Beziehung zu anderen verbessern, sondern dir auch mehr Selbstvertrauen und**

Anerkennung verschaffen. Du wirst in deinem Umfeld als jemand wahrgenommen, der mit Herz und Verstand handelt.

Erinnerung: Wahre Verbindungen entstehen nicht durch Perfektion, sondern durch Echtheit, Respekt und das Bewusstsein für gemeinsame Werte.

Dein nächster Schritt:

Warte nicht länger – beginne heute, dein charmantes Flirten zu perfektionieren und erlebe, wie es deine Verbindungen und Beziehungen transformiert.

Stell dir vor, wie du bei einer Veranstaltung – sei es ein gesellschaftliches Event oder ein traditionelles Fest – selbstbewusst und mit Anmut auftrittst und Menschen nachhaltig beeindruckst.

Sofort umsetzbare Tipps:

Begrüße Menschen mit einem offenen Lächeln und halte Blickkontakt.

- **Hinweis:** Ein echtes Lächeln zeigt, dass du freundlich und offen bist. Blickkontakt vermittelt Selbstbewusstsein und Interesse.

- **Umsetzung:** Achte darauf, beim Betreten eines Raumes immer mit einem Lächeln zu begrüßen und den Blickkontakt zu suchen, um eine positive Atmosphäre zu schaffen.

Stelle gezielte Fragen wie: „Welche Tradition liegt dir besonders am Herzen?" oder „Gibt es eine Geschichte aus deiner Familie, die dich inspiriert?"

- **Hinweis:** Solche Fragen zeigen echtes Interesse und bringen tiefere Gespräche in Gang.
- **Umsetzung:** Versuche, bei ersten Begegnungen immer eine persönliche Frage zu stellen, die über den Small Talk hinausgeht, um eine echte Verbindung herzustellen.

Nutze humorvolle, aber respektvolle Bemerkungen, um die Atmosphäre aufzulockern.

- **Hinweis:** Humor kann Brücken bauen, sollte aber niemals auf Kosten von jemandem gehen.
- **Umsetzung:** Achte darauf, dass dein Humor positiv und inklusiv ist – beispielsweise durch einen leichten Witz über die Situation oder das gemeinsame Erlebnis.

Zeige aufrichtiges Interesse an den Gesprächen der anderen.

- **Hinweis:** Aktives Zuhören und Nachfragen lassen dein Gegenüber wissen, dass du wirklich interessiert bist.
- **Umsetzung:** Achte darauf, im Gespräch aktiv zuzuhören und in den richtigen Momenten nachzufragen, wie beispielweise „Erzähl mir mehr darüber, wie du das erlebt hast."

Höre aufmerksam zu und unterbreche nicht.

- **Hinweis:** In arabischen Kulturen wird es sehr geschätzt, wenn man dem Anderen Zeit gibt, zu sprechen.
- **Umsetzung:** Stelle sicher, dass du deinen Gesprächspartner nie unterbrichst. Warte, bis er oder sie fertig ist, bevor du antwortest.

Verwende Namen, wenn du mit jemandem sprichst.

- **Hinweis:** Das Verwenden von Namen schafft eine persönlichere Atmosphäre und zeigt Respekt.
- **Umsetzung:** Versuche, beim Gespräch den Namen deines Gegenübers regelmäßig einzubringen, um die Verbindung zu vertiefen.

Gib ehrliche Komplimente, die nicht nur das Aussehen betreffen.

- **Hinweis:** Komplimente, die auf Persönlichkeit, Wissen oder Verhalten eingehen, wirken authentischer.
- **Umsetzung:** Statt nur das Aussehen zu loben, sage etwas wie: „Ich bewundere, wie du dich in schwierigen Situationen ruhig und überlegt verhältst."

Zeige Geduld und vermeide es, zu schnell ins Gespräch einzutauchen.

- **Hinweis:** In vielen arabischen Kulturen ist es wichtig, Geduld zu zeigen, besonders in persönlichen Gesprächen.
- **Umsetzung:** Lass deinem Gesprächspartner genug Zeit, sich zu öffnen, und versuche nicht, Themen zu forcieren.

Achte auf Körpersprache und vermeide es, nervös oder gestresst zu wirken.

- **Hinweis:** Deine Körpersprache kann oft mehr sagen als Worte. Eine entspannte Haltung wirkt einladend.
- **Umsetzung:** Achte darauf, in Gesprächen ruhig zu bleiben, deinen Körper nicht zu verschränken und kleine Gesten zu verwenden, um Interesse zu zeigen.

Sei ein guter Gastgeber und biete anderen Hilfe an, wenn sie sie benötigen.

- **Hinweis:** Gastfreundschaft und Hilfsbereitschaft sind sehr geschätzte Werte in arabischen Kulturen.
- **Umsetzung:** Wenn du in einer Gruppe bist, biete einem Gesprächspartner an, sich zu setzen oder etwas zu trinken zu holen. Das zeigt deine Fürsorglichkeit und Aufmerksamkeit.

Charmant und respektvoll flirten bedeutet nicht, jemanden zu beeindrucken, sondern eine echte Verbindung aufzubauen. Du wirst sehen, wie du mit mehr Selbstbewusstsein, Echtheit und Respekt die Menschen in deinem Leben begeisterst.

Für Frauen: Flirten mit Intelligenz und Herzlichkeit

Charmantes Flirten ist ein Ausdruck von Selbstbewusstsein und Eleganz. Es geht nicht darum, oberflächlich zu wirken, sondern deine Intelligenz und Herzlichkeit authentisch zu zeigen. Mit dieser Haltung wirst du dich von anderen abheben und tiefere Verbindungen schaffen.

Tipp: Deine Haltung, dein Lächeln und deine Fähigkeit, zuzuhören, sprechen oft lauter als Worte. Setze diese Werkzeuge bewusst ein, um Eindruck zu hinterlassen.

Warte nicht länger!

Die Welt wartet darauf, dass du dich mit deinem Charme und Respekt zeigst. Heute ist der Tag, an dem du beginnst, als arabischer Gentleman oder selbstbewusste Frau zu glänzen. Nutze deine kulturellen Werte, um nicht nur Türen zu öffnen, sondern auch Herzen zu gewinnen.

Handeln statt zögern: ***Jeder Tag bietet dir eine neue Gelegenheit, dich von deiner besten Seite zu zeigen.***

Beginne noch heute!

Der Moment ist jetzt. *Lass deine Herzlichkeit und deinen Respekt strahlen und mache den Unterschied – für dich selbst und die Menschen um dich herum.*

7.1 Charmant flirten – die Kunst, Respekt und echte Verbindungen zu schaffen

Charmantes Flirten muss nicht kompliziert sein. Es geht nicht darum, sich in komplizierte Gespräche zu verstricken oder plumpe Anmachsprüche zu verwenden. Vielmehr geht es darum, authentisch und respektvoll zu sein – und genau das zieht Menschen an, ob im privaten oder beruflichen Umfeld. Dein Charme wird nicht nur deine Beziehungen stärken, sondern dir auch den Respekt und die Anerkennung verschaffen, die du verdienst.

„Ich hätte nie gedacht, dass charmantes Flirten so eine Wirkung haben kann. Seitdem ich diese Methoden in meinem Alltag anwende, hat sich meine Beziehung zu meiner Familie und Kollegen deutlich verbessert. Ich fühle mich selbstbewusster und respektierter. Es ist erstaunlich, wie solche einfachen Verhaltensänderungen einen so großen Unterschied machen können." – **Ahmad, 35 Jahre, Unternehmer**

Warum charmantes Flirten der Schlüssel zu echten Verbindungen ist

Stell dir vor, du befindest dich auf einer Hochzeit oder einem Familienfest – eine Umgebung, in der Gastfreundschaft und Herzlichkeit in arabischen Kulturen großgeschrieben werden. Du begrüßt die Gäste mit einem offenen Lächeln, vielleicht sogar mit einem herzlichen Händedruck oder einem höflichen Kompliment. Die Gespräche entwickeln sich leicht und authentisch, weil du Respekt und Aufmerksamkeit ausstrahlst. Genau diese charmante und respektvolle Art macht dich als Mann oder Frau nicht nur beliebt, sondern auch bewundert.

„Seit ich gelernt habe, charmant und respektvoll zu flirten, hat sich meine Einstellung zu zwischenmenschlichen Beziehungen komplett verändert. Ich fühle mich mit meiner Familie und meinen Freunden viel enger verbunden und schaffe es, meinen Wert in jeder Situation zu zeigen. Es geht nicht nur um Höflichkeit, sondern um wahre, tiefgehende Verbindungen." – **Yasmin, 29 Jahre, Journalistin**

Als arabischer Gentleman ist es eine Frage der Ehre, Respekt, Geduld und Herzlichkeit zu zeigen, besonders gegenüber Frauen. Für Frauen gilt: Deine elegante, selbstbewusste Art, mit anderen umzugehen, hinterlässt einen bleibenden Eindruck und spiegelt deine starke Verbindung zu kulturellen Werten wider.

Was du heute noch tun kannst, um charmant zu flirten:

Zeige Geduld und Bescheidenheit

Beim Flirten zeige **Geduld**, indem du nicht sofort alles erzählst, sondern deinem Gegenüber Raum lässt, sich zu öffnen. Wenn du jemandem deine Aufmerksamkeit schenkst, ohne sofort nach Bestätigung oder Informationen zu suchen, zeigst du Respekt und bleibst charmant.

„Geduld ist die Fähigkeit, die größte Prüfung in den einfachsten Dingen zu finden." – **Khalil Gibran**, Libanon

Gibran, ein berühmter libanesisch-amerikanischer Dichter, betonte in seinen Werken wie Der Prophet, dass Geduld eine Tugend ist, die es ermöglicht, tiefere und nachhaltigere Verbindungen zu schaffen. Sein Leben und Werk lehren uns, dass wahre Weisheit in der Bescheidenheit liegt.

Ehre den Wert der Familie

Du könntest beim Flirten eine respektvolle Frage stellen wie: „Was ist eine Tradition in deiner Familie, die dir besonders am Herzen liegt?" Solche Fragen zeigen nicht nur Interesse, sondern auch deine Wertschätzung für die kulturellen Wurzeln des anderen.

„Die Familie ist der Anker, der das Leben eines Menschen auf den Wellen des Lebens festhält." – **Ameen Rihani**, Libanon

Ameen Rihani war ein berühmter libanesischer Schriftsteller und Philosoph, der in seinem Werk Die Erziehung des Menschen die Bedeutung der Familie als stabilisierenden Faktor in einer oft turbulenten Welt betonte. Seine eigene

Reise zwischen Ost und West prägte sein Verständnis von familiären Bindungen und Traditionen.

Sei großzügig mit deinem Wissen

Flirte auf eine Weise, die Wissen teilt, ohne arrogant zu wirken. Wenn du über ein interessantes Thema sprichst, frage dein Gegenüber nach seiner Meinung und lade es ein, zu teilen. Dies zeigt, dass du nicht nur sprichst, sondern auch zuhören und lernen willst.

„Wissen ist wie ein Garten. Wenn es nicht gepflegt wird, verdorrt es." – ***Ali ibn Abi Talib****, Saudi-Arabien*

Ali, der vierte Kalif *des Islam und ein bekannter Krieger sowie Dichter, wurde für seine Weisheit berühmt. In vielen seiner Worte betonte er den Wert von Wissen als lebenswichtig und seine Bedeutung für das Wohl der Gesellschaft.*

Wertschätze Gespräche und Diskretion

Charmantes Flirten kann auch darin bestehen, dass du Gespräche mit Bedacht führst. Frage zum Beispiel: „Was ist der wertvollste Rat, den dir ein älteres Familienmitglied jemals gegeben hat?" Diese Frage zeigt Respekt vor der Weisheit älterer Generationen und regt zu tiefgründigen Gesprächen an.

„Wer einen Freund kennt, braucht keinen anderen Rat." –
***Imam Ali**, Irak*

Imam Ali, ein berühmter islamischer Führer und Philosoph, betonte immer wieder die Bedeutung von Loyalität und Diskretion. Als einer der bekanntesten Gelehrten des Islams lehrte er, dass wahre Freundschaft auf Vertrauen und respektvollem Dialog basiert.

Akzeptiere Unterschiede ohne Urteil

Beim Flirten ist es wichtig, Unterschiede zu akzeptieren, ohne darüber zu urteilen. Wenn jemand eine andere Sichtweise oder Religion hat, kannst du charmant sagen: *„Es ist spannend zu hören, wie du das siehst, jeder hat seine eigene Perspektive, die die Welt bereichert."* Dies fördert respektvolle und tolerante Gespräche.

„Wer in der Lage ist, sich selbst zu erkennen, ist in der Lage, die Welt zu verstehen." – ***Ibn Khaldun**, Tunesien*

Ibn Khaldun war ein prominenter tunesischer Historiker und Soziologe, der die Bedeutung von Selbstbewusstsein und Akzeptanz von Unterschieden in einer Gesellschaft betonte. Er lehrte, dass wahre Weisheit nur durch ein tiefes Verständnis des Selbst und anderer erreicht werden kann.

Schätze Integrität und Ehrlichkeit

Sei beim Flirten ehrlich, aber charmant. Wenn du eine Meinung hast, teile sie auf respektvolle Weise. Zum Beispiel könntest du sagen: „Ich verstehe deinen Standpunkt, aber ich denke, wir könnten beide von einer anderen Perspektive profitieren." Dies zeigt, dass du wahrhaftig und offen bist.

„Ehre ist die Frucht der Wahrheit." – **Tariq ibn Ziyad**, Marokko

Tariq ibn Ziyad war ein berühmter muslimischer General und eine symbolische Figur der islamischen Expansion in Europa. Er kämpfte nicht nur für politische Ziele, sondern stand auch für die Ideale von Wahrhaftigkeit und Ehre, die er als Grundlage für den Erfolg betrachtete.

Verständnis für Geben und Empfangen

Flirte auf eine Weise, die dein Geben und Empfangen in Balance hält. Eine nette Geste könnte sein: *„Ich möchte dir für dieses Gespräch danken. Es hat mir wirklich gefallen, deine Gedanken zu hören."* Diese Geste zeigt, dass du das Gespräch schätzt und nicht nur das Gespräch führst, um etwas zu erhalten.

"Derjenige, der gibt, ist derjenige, der am meisten empfängt." – **Prophet Muhammad (Friede sei mit ihm)**, Saudi-Arabien

Der Prophet Muhammad betonte den Wert von Großzügigkeit und Altruismus. In vielen seiner Lehren sprach er von der Bedeutung, anderen zu helfen und dabei selbst zu wachsen. Durch Geben wird der Herzenskontakt gestärkt.

Respektiere die Bedeutung von Ehre und Ansehen

Charmantes Flirten bedeutet, auch in kleinen Dingen die Ehre zu wahren. Zeige durch deine Worte und Taten Respekt vor der Person und ihrer Familie. Wenn du zum Beispiel sagst: „Deine Familie muss auf dich stolz sein", zeigst du Anerkennung für ihre Werte.

„Die Ehre eines Menschen ist der wahre Schatz seines Lebens." – **Abu Bakr al-Siddiq**, Saudi-Arabien

Abu Bakr war der erste Kalif nach dem Tod des Propheten Muhammad und ein enger Vertrauter des Propheten. Er betonte stets, wie wichtig es ist, die Ehre zu bewahren und das richtige Verhalten zu zeigen, sowohl im privaten als auch im öffentlichen Leben.

Ehre die Traditionen und Werte deiner Kultur

Flirte auf eine Art und Weise, die die Traditionen ehrt. Zum Beispiel könntest du sagen: *„Es ist bewundernswert, wie du die Werte deiner Familie und Kultur so stark in deinem Leben trägst. Es ist inspirierend zu sehen, wie du dies in allem, was du tust, widerspiegelst."* Dies zeigt nicht nur Interesse, sondern auch Respekt vor der Kultur.

„Wer seine Wurzeln kennt, ist der Baum, der stark und fest steht." – **Naguib Mahfouz***, Ägypten*

Naguib Mahfouz war ein ägyptischer Schriftsteller und der erste Araber, der den Nobelpreis für Literatur erhielt. In seinen Arbeiten spiegelte sich immer das starke Bewusstsein für die arabische Kultur wider, und er betonte die Bedeutung, die eigene Geschichte und Traditionen zu achten.

Setze auf Selbstreflexion und persönliches Wachstum

Beim Flirten zeige deine Bereitschaft zur Selbstverbesserung. Du könntest sagen: „Ich arbeite ständig an mir selbst, um ein besserer Mensch zu werden. Was tust du, um in deinem Leben zu wachsen?" Diese Frage zeigt nicht nur Interesse an der anderen Person, sondern reflektiert auch deinen eigenen Wunsch nach Weiterentwicklung.

„Der wahre Reichtum eines Menschen ist sein Wissen und sein Charakter." – ***Al-Ghazali***, *Iran*

Al-Ghazali war ein bedeutender islamischer Denker und Mystiker, der in seinen Schriften die Wichtigkeit von innerem Wachstum und Wissen betonte. Für ihn war persönliches Wachstum der Schlüssel zu wahrer Erfüllung und Erfolg im Leben.

Diese Tipps und Weisheiten bieten nicht nur praktische Ratschläge, sondern auch tiefere Einblicke in die arabische Kultur und Philosophie. Sie können dir helfen, charmantes Flirten und respektvolle Kommunikation auf authentische und kulturell respektvolle Weise zu gestalten.

„Ich wusste nie, wie mächtig eine respektvolle und charmante Haltung sein kann. Jetzt merke ich, wie ich in Gesprächen besser wahrgenommen werde, wie mein Charme Türen öffnet und wie meine Beziehungen eine neue Tiefe bekommen. Es fühlt sich großartig an!" – ***Omar, 41 Jahre***, *Anwalt*

Der wahre Erfolg: Mehr als nur Flirten

Wenn du charmant und respektvoll flirtest, baust du echte Verbindungen auf, die über flüchtige Bekanntschaften hinausgehen. Solche Verbindungen bringen nicht nur bessere

Beziehungen, sondern auch mehr Selbstvertrauen. Frauen und Männer gleichermaßen schätzen einen Gentleman oder eine elegante Frau, die sich durch Respekt, Herzlichkeit und kulturelles Bewusstsein auszeichnen.

„Der wahre Wert eines Menschen liegt nicht in seinem Reichtum oder seiner Macht, sondern in seiner Fähigkeit, anderen mit Würde und Anstand zu begegnen." **– Scheich Mohammed bin Rashid Al Maktoum, VAE**

Warte nicht länger!

Starte noch heute deine Reise zu mehr Selbstbewusstsein, Anerkennung und wahrer Respekt in deinen Beziehungen. Lerne, wie du deine charmanten Fähigkeiten entfesselst und dein Leben auf das nächste Level bringst. Dein Weg zum Erfolg beginnt jetzt!

Verändere deine Art zu flirten und baue echte Verbindungen auf, die dein Leben bereichern.

Du wirst sehen, wie du bei einer Veranstaltung – sei es ein gesellschaftliches Event oder ein traditionelles Fest – selbstbewusst und mit Anmut auftrittst und Menschen nachhaltig beeindruckst. Dein Charme wird die Türen öffnen, die du immer erreichen wolltest!

7.2 Praktische Tipps für charmantes Flirten mit Stil – Weisheiten und Beispiele von berühmten arabischen Persönlichkeiten

Flirten ist eine Kunst, die nicht nur charmant und humorvoll, sondern auch respektvoll und stilvoll praktiziert werden kann. In diesem Abschnitt zeigen wir dir, wie du mit Würde und Stil flirten kannst, basierend auf zeitlosen Prinzipien, die durch Weisheiten großer arabischer Persönlichkeiten aus verschiedenen Ländern des Nahen Ostens inspiriert sind. Diese Tipps gehen über das Oberflächliche hinaus und betonen wahre Werte wie Respekt, Selbstachtung und Authentizität.

Verstehe den Wert von echten Aufmerksamkeiten

*„Der wahre Wert von echten Aufmerksamkeiten liegt nicht in ihrer Größe, sondern in der Aufrichtigkeit, mit der sie gegeben werden." – **Ali bin Abi Talib (Karrar)**, Saudi-Arabien*

Flirten ist nicht nur eine oberflächliche Geste – es geht darum, das Interesse am Anderen wirklich zu zeigen. Echte Aufmerksamkeiten, die den Charakter und die Wünsche des anderen widerspiegeln, sind der Schlüssel.

Wenn du jemanden kennst, der eine Leidenschaft für Kunst hat, sprich über ein Kunstwerk oder eine Ausstellung, von der du weißt, dass sie oder er sie schätzt. Kleine, aufmerksame Details wie diese machen deine Absichten klar und erhöhen den Wert der Beziehung.

„Ein edler Mensch zeigt sich nicht in seinem Besitz, sondern in dem, was er für andere tut." – **Scheich Zayed bin Sultan Al Nahyan** *(VAE)*

Scheich Zayed, der Gründer der Vereinigten Arabischen Emirate, betonte stets den Wert von Großzügigkeit und wahrem Interesse an den Bedürfnissen anderer. Er lehrte, dass wahre Größe nicht in Besitz, sondern in der Fähigkeit liegt, anderen etwas von sich zu geben.

Nutze humorvolle Leichtigkeit

„Humor ist eine der kraftvollsten Methoden des charmanten Flirtens, denn mit einem Lächeln öffnet man Herzen, die Worte verschlossen hätten." — **Khalil Gibran**, *Libanon*

Humor ist eine der kraftvollsten Methoden des charmanten Flirtens. Ein Gentleman versteht es, den Moment mit einem humorvollen Kommentar zu erheitern, ohne in Plattitüden zu verfallen.

Wenn das Gespräch auf ein gemeinsames Erlebnis kommt, nimm es mit Humor und einem leichten Lächeln auf, ohne übermäßig zu scherzen. Ein humorvoller Kommentar wie *„Ich hoffe, du hast das genauso genossen wie ich – und das nicht nur, weil du immer das Dessert bekommst!"* lockert die Stimmung, ohne zu aufdringlich zu sein.

„Das Leben ist zu kurz, um es ohne Lächeln zu leben." **– Scheich Mohammed bin Rashid Al Maktoum *(VAE)***

Scheich Mohammed, der Herrscher von Dubai, betonte oft, wie wichtig es ist, das Leben mit einem Lächeln und einer positiven Haltung zu genießen. Humor und Leichtigkeit sind ein zentraler Bestandteil der arabischen Kultur.

Lasse den Raum für andere gedeihen

Ein Gentleman weiß, wann er der anderen Person Raum lässt, sich auszudrücken. Das bedeutet, dass man nicht in Gesprächen die Oberhand gewinnt, sondern dem anderen Platz gibt, sich zu entfalten. In Beziehungen, sowohl privat als auch beruflich, ist es entscheidend, wie viel Raum man anderen gibt, ihre Gedanken und Gefühle zu äußern.

In einem Gespräch, in dem dein Gegenüber eine interessante Geschichte erzählt, lass sie oder ihn ausreden, ohne zu unterbrechen. Zeige durch deinen Blick und deine Haltung, dass du bereit bist zuzuhören und Raum für ihre oder seine Gedanken zu schaffen.

„Der Weise hört auf, bevor er spricht, und spricht, bevor er handelt." – **Abdullah bin Zayed Al Nahyan** *(VAE)*

Abdullah bin Zayed, der Außenminister der Vereinigten Arabischen Emirate, betonte, dass wahre Weisheit oft darin besteht, zuzuhören und sich Zeit zu nehmen, bevor man handelt oder spricht. Diese Philosophie fördert tiefe und respektvolle Gespräche.

Vermeide die Jagd nach Bestätigung

Charmantes Flirten ist kein Wettbewerb darum, Bestätigung von anderen zu suchen. Stattdessen geht es darum, echte Verbindungen zu schaffen, ohne ständig nach Anerkennung zu verlangen. Ein Gentleman bleibt ruhig und selbstgenügsam, ohne auf die Reaktionen des anderen angewiesen zu sein.

Wenn du flirtest, sei dir der Wirkung deiner Worte und Gesten bewusst, aber erwarte nicht immer sofortige Bestätigung. Manchmal spricht eine subtile Geste oder ein Lächeln mehr als tausend Worte.

„Wahre Größe kommt nicht von der Zahl der Bewunderer, sondern von der Kraft deiner Seele." – **Khaled bin Sultan Al Qasimi** *(Vereinigte Arabische Emirate)*

Khaled bin Sultan Al Qasimi, ein prominenter Unternehmer aus den VAE, lehrte, dass wahre Größe im Inneren und in der Selbstachtung liegt, nicht in der Anzahl der Bewunderer oder der äußerlichen Anerkennung.

Wende deine Aufmerksamkeit der Person und der Situation zu

„Wende deine Aufmerksamkeit der Person und der Situation zu, denn wahre Weisheit liegt im Verstehen des Moments." **– Khalil Gibran, Libanon**

In einem Gespräch mit einem potenziellen Partner ist es wichtig, dass du nicht nur die Worte hörst, sondern auch den Kontext und die Stimmung wahrnimmst. Flirten mit Stil bedeutet, aufmerksam zu sein und die Dynamik des Moments zu erkennen.

Wenn du auf einem Familienfest bist und mit einer Person sprichst, die sich über ein bestimmtes Thema aufregen könnte, geh nicht sofort darauf ein. Nimm dir einen Moment, um ihre Gefühle zu verstehen, und biete eine ruhige, unterstützende Antwort an. Das zeigt deine Fähigkeit, auf subtile Weise die Situation zu erfassen und mit Takt und Respekt zu handeln.

„Der wahre Reichtum eines Mannes liegt in seiner Fähigkeit, die Herzen der anderen zu erreichen." – **Prince Alwaleed bin Talal**, Saudi-Arabien

Der saudische Prinz Alwaleed bin Talal betonte, dass wahre Größe und Reichtum nicht in materiellen Gütern, sondern in der Fähigkeit liegen, durch Empathie und Verständnis tiefere Verbindungen zu anderen Menschen herzustellen.

Ermutige den anderen, sein wahres Selbst zu zeigen

Charmantes Flirten bedeutet, dem anderen Raum zu geben, sich zu öffnen und authentisch zu sein. Du wirst feststellen, dass Menschen sich stärker zu dir hingezogen fühlen, wenn sie sich in deiner Gegenwart wohl und sicher fühlen.

Anstatt nur über oberflächliche Themen zu sprechen, stelle Fragen, die den anderen dazu ermutigen, seine oder ihre wahren Gedanken und Gefühle zu teilen. Beispielsweise: *„Was ist etwas, das dir im Leben wirklich wichtig ist?"* Solche Fragen fördern echte Gespräche und lassen dein Gegenüber die Kontrolle über die Konversation übernehmen.

„Wahre Größe zeigt sich nicht im Äußeren, sondern in der Fähigkeit, das wahre Wesen eines anderen zu verstehen." – **Nasser Al-Dosari**, Katar

Nasser Al-Dosari, ein führender Denker aus Katar, lehrte, dass wahre Verbindung nicht durch äußere Erscheinungen, sondern durch das Verständnis und das Erkennen des wahren Selbst eines anderen entsteht.

Bewahre Geduld und beständige Anmut

Ein Gentleman weiß, dass die besten Beziehungen oft Zeit brauchen, um zu wachsen. Geduld ist nicht nur eine Tugend, sondern eine Notwendigkeit, wenn es darum geht, echte Verbindungen zu schaffen.

Beim Flirten geht es nicht darum, sofort eine Antwort zu erhalten oder schnell voranzukommen. Vielmehr ist es wichtig, Geduld zu üben und sich der Möglichkeit bewusst zu sein, dass wahre Beziehungen sich erst mit der Zeit entwickeln.

„Geduld ist die wahre Stärke, der wahre Glaube." – ***Scheich Mohammed bin Zayed Al Nahyan, VAE***

Scheich Mohammed, der Kronprinz der VAE, betonte, dass Geduld eine der wichtigsten Tugenden im Leben ist. Wahre Stärke kommt nicht durch sofortige Ergebnisse, sondern durch Ausdauer und Ausgeglichenheit.

Zeige Respekt und Höflichkeit

„Zeige Respekt und Höflichkeit, denn wahre Größe liegt nicht im, was du besitzt, sondern im, wie du anderen begegnest." – **Imam Ali ibn Abi Talib**, Irak

Respekt ist das Fundament jeder erfolgreichen Beziehung. Ein Gentleman zeigt in jeder Interaktion Höflichkeit und Wertschätzung.

Bei einem Gespräch, egal ob mit Familie, Freunden oder einem potenziellen Partner, achte darauf, stets respektvoll zu sein. Höfliche Gesten wie das Öffnen der Tür oder das Aufstehen, wenn eine Person den Raum betritt, können oft mehr sagen als Worte.

„Echter Respekt entsteht aus der Fähigkeit, den anderen zu verstehen und ihre Würde zu achten." – **Sheikh Tamim bin Hamad Al Thani**, Katar

Scheich Tamim, der Emir von Katar, hebt hervor, wie wichtig es ist, den anderen zu respektieren und ihre Würde in allen Handlungen zu achten. Dies ist auch ein wesentlicher Bestandteil erfolgreichen Flirtens.

Sei aufmerksam und einfühlsam

"Sei aufmerksam und einfühlsam, denn der wahre Wert eines Menschen zeigt sich in seiner Fähigkeit, die Herzen anderer zu verstehen." – **Khalil Gibran**, Libanon

Charmantes Flirten geht über oberflächliche Gespräche hinaus und erfordert echte Aufmerksamkeit und Einfühlungsvermögen für die Bedürfnisse und Gefühle des anderen.

Zeige Interesse an den Erlebnissen und Emotionen des anderen. Ein Einfaches *„Wie hast du dich dabei gefühlt?"* kann einen tiefen Eindruck hinterlassen und eine echte Verbindung herstellen.

„Wahre Weisheit besteht darin, auf das Herz eines anderen zu hören." – **Fahd Al-Mubarak**, Saudi-Arabien

Fahd Al-Mubarak, ein bedeutender Denker und Führer, betonte, wie wichtig es ist, nicht nur die Worte zu hören, sondern auch auf das Herz und die Gefühle der anderen Person einzugehen.

Sei du selbst – authentisch und selbstbewusst

„Sei du selbst – authentisch und selbstbewusst. Nur wer sich selbst erkennt, kann wahre Größe erreichen." **– Khalil Gibran**, Libanon

Authentizität ist der Schlüssel, um echte Verbindungen zu schaffen. Ein Gentleman bleibt sich selbst treu und strahlt Vertrauen und Selbstachtung aus.

Wenn du flirtest, sei nicht jemand, der du nicht bist, um Eindruck zu schinden. Zeige deine wahren Interessen und Werte. Authentizität zieht Menschen an.

„Ein Mann, der sich selbst kennt, wird die Welt kennen." –
Prince Sultan bin Abdulaziz, Saudi-Arabien

Prinz Sultan, der saudische Erbe, lehrte, dass wahre Größe darin liegt, sich selbst zu verstehen und mit Authentizität zu leben. Dies schafft eine tiefere und bedeutungsvollere Verbindung mit anderen.

Charmantes Flirten ist eine Kunst, die sich über Zeit, Respekt und echte Verbindung aufbaut. Nutze die Weisheiten großer arabischer Denker und Persönlichkeiten aus der arabischen Welt, um deine Beziehungen zu bereichern und in jeder Situation als wahrer Gentleman zu glänzen. Sei aufmerksam, geduldig und respektvoll, und du wirst feststellen, dass dein Charme nicht nur durch Worte, sondern durch Taten spricht. Dein Weg zu selbstbewussten, tiefgründigen Verbindungen beginnt heute.

7.3 Der arabische Gentleman: Mit Respekt, Charme und Stil Beziehungen meistern

„Ein wahrer Gentleman ist der, der mit Respekt in seinem Herzen, Charme in seinen Worten und Stil in seinen Taten lebt." – **Khalil Gibran**, Libanon

In einer Welt, die von oberflächlichen Gesprächen und schnellen Begegnungen geprägt ist, fragst du dich vielleicht: Wie kann ich als moderner Mann beeindrucken, ohne seine Wurzeln zu vergessen? Die Antwort liegt in einer kraftvollen Mischung aus Authentizität, Respekt und charmanter Präsenz – den zeitlosen Tugenden, die Frauen bewundern und Männer inspirieren.

Stell dir vor, wie es sich anfühlt, als respektierter und charmanter Mann wahrgenommen zu werden. Du betrittst den Raum und die Köpfe drehen sich in deine Richtung. Dein Auftreten zieht bewundernde Blicke auf sich, doch es ist nicht nur dein Aussehen, das Eindruck hinterlässt – es ist die Art und Weise, wie du dich gibst. Du strahlst

Selbstbewusstsein aus, doch ohne Arroganz. Deine Worte und Handlungen zeigen eine Tiefe, die andere sofort spüren. Du bist nicht nur ein Mann – du bist ein Gentleman. Und dieser Respekt, den du genießt, ist das Ergebnis jahrelanger Hingabe an Werte, die von Herzen kommen.

Warum Frauen diesen respektvollen Ansatz lieben

Frauen erkennen schnell, wenn ein Mann Integrität und Respekt ausstrahlt. Sie schätzen Männer, die zuhören, ihr Wort halten und echtes Interesse zeigen, ohne sich in den Vordergrund zu drängen. Respektvolle Männer schaffen nicht nur Vertrauen, sondern auch tiefere und bedeutungsvollere Verbindungen.

Doch was macht diese Verbindung so kraftvoll? Es ist das Gefühl, wirklich gesehen und gehört zu werden – das Wissen, dass du mehr bist als nur ein oberflächlicher Eindruck. Wenn du in den Augen einer Frau den Funken wahrnimmst, der entsteht, wenn echtes Interesse auf Respekt trifft, weißt du, dass du den Weg eines wahren Gentlemans gehst.

Ein Beispiel: Stell dir vor, du führst ein Gespräch mit einer Frau, in dem du nicht über dich selbst sprichst, sondern echtes Interesse an ihr zeigst. Anstatt die Konversation zu dominieren, hörst du aufmerksam zu, stellst durchdachte Fragen und behandelst sie als gleichwertige Partnerin. Diese Gespräche sind nicht nur eine Gelegenheit, sich auszutauschen – sie sind der Beginn einer Verbindung, die von Respekt und Vertrauen getragen wird. Und genau das ist es, was wahre Anziehung ausmacht.

Tipps für den modernen arabischen Gentleman

Sei aufmerksam, aber nicht aufdringlich

Warum: Frauen lieben Männer, die kleine, aber bedeutsame Gesten machen. Ein freundliches Lächeln, ein ehrliches Kompliment oder ein respektvoller Blick können oft mehr bewirken als übertriebene Aufmerksamkeiten.

Praxis: Halte die Tür auf, bemerke kleine Details wie ein neues Accessoire und lobe sie dafür.

*"Die wahre Größe eines Mannes liegt in den kleinen Dingen, die er tut, ohne etwas zu erwarten." – **Sheikh Zayed bin Sultan Al Nahyan**, VAE*

Respektiere ihre Meinung und Zeit

Warum: Pünktlichkeit und Aufmerksamkeit zeigen Respekt für ihre Zeit und Gedanken. Sie wird es schätzen, wenn du ihre Meinung hörst und ihre Zeit wertschätzt – das schafft Vertrauen und verbindet euch auf einer tiefen Ebene.

Praxis: Vereinbare klare Zeiten für Treffen, unterbrich nicht und frage nach ihrer Meinung.

"Respekt ist der Schlüssel zu jeder Beziehung, und wer die Zeit eines anderen wertschätzt, wird selbst geachtet." – **Prince Alwaleed bin Talal***, Saudi-Arabien*

Bleib authentisch

Warum: Frauen spüren sofort, wenn jemand sich verstellt. Ehrlichkeit und Echtheit sind die Grundlage für Vertrauen und langfristige Beziehungen. Wenn du authentisch bleibst, wirst du von Menschen in deinem Leben als jemand wahrgenommen, auf den man sich wirklich verlassen kann.

Praxis: Erzähle von dir selbst, aber nur, wenn es wirklich relevant ist, und übertreibe nicht.

"Sei immer du selbst, denn die Menschen werden dich für das schätzen, was du bist." – **Khalil Gibran***, Libanon*

Habe klare Prinzipien

Warum: Ein Gentleman hat feste Werte und Prinzipien, die er nicht für kurzfristige Gewinne opfert. Wenn du klare

Prinzipien in deinem Leben hast, wird dies nicht nur in deinen Beziehungen sichtbar, sondern auch im Respekt, den du dir in deinem Umfeld erarbeitest.

Praxis: Halte dich an dein Wort und bleibe in schwierigen Situationen ruhig und respektvoll.

"Die Größe eines Mannes wird nicht an seinen Errungenschaften gemessen, sondern an seiner Fähigkeit, zu seinen Prinzipien zu stehen." – **Omar ibn al-Khattab**, *Saudi-Arabien*

Zeige Interesse an ihrer Kultur und Perspektive

Warum: Frauen schätzen Männer, die neugierig auf ihre Erfahrungen, Hintergründe und Interessen sind. Diese Neugier zeigt, dass du sie nicht nur als Frau, sondern als Mensch schätzt. Du schaffst damit eine tiefere Verbindung, die auf Verständnis und Respekt beruht.

Praxis: Stelle Fragen über ihre Hobbys, Ziele und Ansichten. Höre aufmerksam zu und lass sie ausreden.

"Wer den anderen versteht, der versteht sich selbst." – **Al-Farabi,** *Kasachstan/arabische Welt*

Sei humorvoll, ohne respektlos zu sein

Warum: Humor ist eine der besten Möglichkeiten, eine Verbindung herzustellen – solange er respektvoll bleibt. Ein echter Gentleman weiß, wie man mit einem charmanten Lächeln die Stimmung auflockert und die Herzen der Menschen gewinnt, ohne dabei Grenzen zu überschreiten.

Praxis: Teile lustige, aber harmlose Geschichten oder Anekdoten, ohne jemanden bloßzustellen.

*"Wahre Weisheit ist, zu lachen und dabei die Herzen der anderen zu heilen." – **Imam Ali**, Saudi-Arabien*

Pflege ein gepflegtes Erscheinungsbild

Warum: Dein Äußeres ist der erste Eindruck, den du hinterlässt. Ein gepflegtes Erscheinungsbild zeigt, dass du dich selbst respektierst und auch anderen Respekt entgegenbringst. Du wirst in der Gesellschaft als jemand wahrgenommen, der nicht nur äußerlich, sondern auch innerlich etwas zu bieten hat.

Praxis: Trage saubere, gutsitzende Kleidung, achte auf Körperhygiene und ein gepflegtes Auftreten.

"Eleganz ist nicht, was du trägst, sondern wie du dich selbst trägst." – **Sheikh Mohammed bin Rashid Al Maktoum, VAE**

Baue emotionale Intelligenz auf

Warum: Ein Gentleman erkennt nicht nur die Worte, sondern auch die Emotionen seines Gegenübers. Du verstehst, wann es Zeit ist, zuzuhören, und wann es Zeit ist, zu handeln. Diese Fähigkeit macht dich zu einem faszinierenden und vertrauenswürdigen Menschen.

Praxis: Achte auf Körpersprache, Tonfall und Stimmung. Reagiere mitfühlend und verständnisvoll.

"Die Worte sind wie ein Spiegel, der das Herz widerspiegelt." – **Rumi, Persien/arabische Welt**

Lerne, konstruktiv zu kommunizieren

Warum: Worte haben Macht. Wähle deine Worte weise, um Brücken zu bauen, nicht um sie abzureißen. Dein Kommunikationsstil wird dich als Mann der Tiefe und Weisheit darstellen, der in schwierigen Situationen ruhig bleibt.

Praxis: Nutze positive Sprache, vermeide Beleidigungen und sei klar in deinen Aussagen.

"Sprich weise, denn deine Worte sind wie Tinte auf Papier – einmal gesagt, bleiben sie." – **Ali ibn Abi Talib**, Saudi-Arabien

Zeige Großzügigkeit und Bescheidenheit

Warum: Ein großzügiger Mann wird geschätzt, ein bescheidener Mann wird bewundert. Es ist nicht das, was du gibst, sondern wie du gibst. Deine Handlungen zeigen, dass wahre Größe im Herzen liegt, nicht im Besitz.

Praxis: Sei großzügig mit Zeit, Lob und kleinen Gesten der Freundlichkeit. Brüste dich nicht mit deinen Taten.

"Der wahre Reichtum eines Mannes liegt in der Großzügigkeit, nicht im Besitz." – **Prophet Muhammad**, Saudi-Arabien

Zeitloser emotionaler Nutzen

Wenn du diese Prinzipien befolgst, wirst du in Gesprächen als respektvoller, charmanter und authentischer Mann wahrgenommen. Du wirst nicht nur Verbindungen schaffen, die auf Respekt basieren, sondern auch einen bleibenden Eindruck hinterlassen – in Beziehungen, Freundschaften und deinem sozialen Umfeld.

Stell dir vor, wie es sich anfühlt, in jeder Situation von anderen respektiert und bewundert zu werden. Dein Leben wird nicht nur durch oberflächliche Beziehungen bereichert, sondern durch tiefgehende Verbindungen, die auf den wahren Werten eines Mannes beruhen. Wenn du diesen Weg gehst, wirst du nicht nur ein Gentleman, sondern auch ein Mann, der wahre Bedeutung in seinen Beziehungen findet.

Starte heute und werde der arabische Gentleman, der Frauen und Männer gleichermaßen inspiriert. Dein zukünftiges Ich wird dir danken.

KAPITEL 8: Die Bedeutung des äußeren Erscheinungsbildes – Mehr als nur ein erster Eindruck

Dein äußeres Erscheinungsbild ist mehr als nur eine äußere Hülle – es ist ein Ausdruck deines Respekts, deiner Werte und deiner Selbstachtung. Besonders in der arabischen Kultur, in der Familie, Ehre und Ansehen von größter Bedeutung sind, wird dein Aussehen zu einer direkten Reflexion deines Charakters und deiner Verantwortung gegenüber deiner Gemeinschaft. Jeder Blick, jeder Moment zählt. Der erste Eindruck ist entscheidend – nicht nur, um dich selbst zu präsentieren, sondern auch, um die Ehre und den Stolz deiner Familie und deiner Kultur zu bewahren.

Stell dir vor, du betrittst einen Raum und spürst sofort die Blicke der Menschen, die dich bewundern. Warum? Weil dein Stil nicht nur gut aussieht, sondern auch Stärke, Selbstbewusstsein und die Würde eines wahren arabischen Gentlemans oder einer arabischen Dame ausstrahlt. Dein Erscheinungsbild ist nicht nur deine Entscheidung – es ist ein Zeichen der Verantwortung, das deine Familie und Kultur stolz macht.

Warum es wichtig ist, sich gut zu kleiden:

Dein Erscheinungsbild ist ein kraftvolles Werkzeug, das nicht nur deine Persönlichkeit widerspiegelt, sondern auch deine Werte – Respekt, Verantwortung und Ehre. Es ist die Visitenkarte, die du in die Welt trägst. Wenn du dich gut kleidest, zeigst du nicht nur, dass du dich selbst respektierst, sondern dass du die Werte deiner Familie und Kultur hochhältst. Dein Aussehen öffnet Türen, verschafft dir Respekt und Vertrauen – und das nicht nur für dich, sondern auch für die Menschen, die dich unterstützen und lieben.

Denn dein äußeres Erscheinungsbild ist mehr als nur ein persönlicher Ausdruck. Es ist ein Statement. Es ist ein Symbol der Zugehörigkeit zur Gemeinschaft und der Verantwortung gegenüber deinem Erbe. In der arabischen Welt sind solche Zeichen von Ansehen und Respekt nicht nur für den

Einzelnen wichtig, sondern sie spiegeln auch den Stolz der Familie und der Kultur wider.

Der unmittelbare Nutzen für dich:

Stell dir vor, du gehst zu einer wichtigen Feier, einem Geschäftstreffen oder einer gesellschaftlichen Veranstaltung und fühlst dich nicht nur selbstbewusst, sondern auch mit Stolz erfüllt. Dein Outfit gibt dir die Kraft, souverän zu wirken und gleichzeitig das Ansehen deiner Familie und deines sozialen Umfeldes zu steigern. Du bist nicht nur ein Einzelner, der Erfolg hat – du bist ein stolzer Vertreter deiner Familie und deiner Kultur, der mit Würde und Eleganz durch das Leben geht.

Praktische Tipps für den Alltag:

Die Bedeutung des äußeren Erscheinungsbildes – Mehr als nur ein erster Eindruck

Dein äußeres Erscheinungsbild ist mehr als nur eine äußere Hülle – es ist ein Ausdruck deines Respekts, deiner Werte und deiner Selbstachtung. Besonders in der arabischen Kultur, in der Familie, Ehre und Ansehen von größter Bedeutung sind, wird dein Aussehen zu einer direkten Reflexion deines Charakters und deiner Verantwortung gegenüber deiner

Gemeinschaft. Jeder Blick, jeder Moment zählt. Der erste Eindruck ist entscheidend – nicht nur, um dich selbst zu präsentieren, sondern auch, um die Ehre und den Stolz deiner Familie und deiner Kultur zu bewahren.

Stell dir vor, du betrittst einen Raum und spürst sofort die Blicke der Menschen, die dich bewundern. Warum? Weil dein Stil nicht nur gut aussieht, sondern auch Stärke, Selbstbewusstsein und die Würde eines wahren arabischen Gentlemans oder einer arabischen Dame ausstrahlt. Dein Erscheinungsbild ist nicht nur deine Entscheidung – es ist ein Zeichen der Verantwortung, das deine Familie und Kultur stolz macht.

Warum es wichtig ist, sich gut zu kleiden:

Dein Erscheinungsbild ist ein kraftvolles Werkzeug, das nicht nur deine Persönlichkeit widerspiegelt, sondern auch deine Werte – Respekt, Verantwortung und Ehre. Es ist die Visitenkarte, die du in die Welt trägst. Wenn du dich gut kleidest, zeigst du nicht nur, dass du dich selbst respektierst, sondern dass du die Werte deiner Familie und Kultur hochhältst. Dein Aussehen öffnet Türen, verschafft dir Respekt und Vertrauen – und das nicht nur für dich, sondern auch für die Menschen, die dich unterstützen und lieben.

Denn dein äußeres Erscheinungsbild ist mehr als nur ein persönlicher Ausdruck. Es ist ein Statement. Es ist ein Symbol der Zugehörigkeit zur Gemeinschaft und der Verantwortung gegenüber deinem Erbe. In der arabischen Welt sind solche Zeichen von Ansehen und Respekt nicht nur für den Einzelnen wichtig, sondern sie spiegeln auch den Stolz der Familie und der Kultur wider.

Der unmittelbare Nutzen für dich:

Stell dir vor, du gehst zu einer wichtigen Feier, einem Geschäftstreffen oder einer gesellschaftlichen Veranstaltung und fühlst dich nicht nur selbstbewusst, sondern auch mit Stolz erfüllt. Dein Outfit gibt dir die Kraft, souverän zu wirken und gleichzeitig das Ansehen deiner Familie und deines sozialen Umfeldes zu steigern. Du bist nicht nur ein Einzelner, der Erfolg hat – du bist ein stolzer Vertreter deiner Familie und deiner Kultur, der mit Würde und Eleganz durch das Leben geht.

Praktische Tipps für den Alltag:

Fange heute an – Investiere in einige gutsitzende, zeitlose Kleidungsstücke, die nicht nur deine Persönlichkeit unterstreichen, sondern auch den Stolz und die Würde deiner Herkunft widerspiegeln. Du wirst erstaunt sein, wie kleine

Veränderungen in deinem Look sofort deine Ausstrahlung und dein Selbstbewusstsein steigern.

*Der berühmte saudi-arabische Unternehmer und Philanthrop **Alwaleed bin Talal**, bekannt für seinen exquisiten Stil, hat oft betont, wie wichtig ein gepflegtes äußeres Erscheinungsbild für den Erfolg ist.*

Setze auf Details – Eine hochwertige Uhr, ein eleganter Gürtel oder gepflegte Schuhe können den Unterschied machen. Diese Details zeigen nicht nur deinen Sinn für Stil, sondern auch deinen Respekt für dich selbst und deine Umgebung. Sie symbolisieren, dass du die Verantwortung übernimmst, das Beste aus dir herauszuholen.

*"Im Detail liegt die wahre Schönheit – sowohl im Leben als auch in der Mode." – **Al-Nassr FC-Präsident Musalli Al Muammar***

Achte auf die Pflege – Dein gepflegtes Erscheinungsbild ist ein Zeichen von Verantwortung und Respekt – nicht nur gegenüber dir selbst, sondern auch gegenüber deiner Familie und deinem sozialen Umfeld. Ein frisches Auftreten zeigt, dass du die Kontrolle über dein Leben hast, dich um deine Ehre kümmerst und deine kulturellen Werte hochhältst.

„Ein Führer achtet immer auf sein Äußeres, denn es reflektiert seinen inneren Zustand." – **Scheich Mohammed bin Rashid Al Maktoum**, Vizepräsident, VAE

Pflege deine Haare – Ein gepflegter Haarschnitt ist nicht nur eine Frage des Stils, sondern auch ein Zeichen von Verantwortung gegenüber dir selbst. Achte darauf, dass dein Haarschnitt zu deinem Gesicht und deinem Stil passt.

*Der prominente ägyptische Schauspieler **Ahmed Ezz** hat in Interviews oft betont, dass ein gepflegtes Erscheinungsbild zu einem soliden beruflichen Aufstieg beiträgt.*

Wähle Farben mit Bedacht – Farben haben Macht. Sie beeinflussen, wie du wahrgenommen wirst. Wähle Farben, die dein Selbstbewusstsein und deine Persönlichkeit unterstreichen. Dunkle Töne wie Schwarz und Blau strahlen Autorität aus, während warme Farben wie Braun oder Beige Wohlstand und Freundlichkeit signalisieren.

„Die wahre Eleganz kommt von innen, aber das äußere Erscheinungsbild verstärkt die innere Stärke." – **Naguib Mahfouz**, Ägypten

Achte auf deine Haltung – Deine Körpersprache spricht Bände. Achte auf eine aufrechte Haltung und eine ruhige, aber selbstbewusste Mimik. Ein starker Auftritt macht oft den entscheidenden Unterschied.

Der saudische **König Salman***, bekannt für seine selbstbewusste Präsenz, ist ein großartiges Vorbild, wie Körpersprache und Aussehen miteinander verbunden sind.*

Trage das passende Parfüm – Düfte haben die Kraft, Erinnerungen und Eindrücke zu hinterlassen. Wähle ein Parfüm, das zu deinem Stil passt und die richtige Botschaft sendet.

„Der Duft eines Mannes sagt mehr über ihn aus als seine Worte." – **Scheich Mohammed bin Rashid Al Maktoum***, VAE*

Sei immer pünktlich – Pünktlichkeit zeigt Respekt für die Zeit und die Werte anderer. Dein äußeres Erscheinungsbild ist nur so stark wie dein Verhalten.

Der bekannte saudische Geschäftsmann Mohammed Al Amoudi hat immer betont, dass Pünktlichkeit genauso wichtig ist wie das perfekte Outfit.

Vermeide übermäßigen Schmuck – Weniger ist oft mehr. Setze auf zeitlose Eleganz statt auf auffälligen Schmuck. Eine dezente Uhr, ein schlichter Ring oder eine Krawatte aus edlem Stoff können Wunder wirken.

"Wahre Eleganz kommt nie aus Übertreibung, sondern aus Raffinesse." – **Elie Saab**, Libanon

Sei du selbst – Der wichtigste Teil deines Erscheinungsbildes ist, dass es authentisch ist. Dein Stil sollte immer ein Spiegel deiner Persönlichkeit und Werte sein, nicht nur eine äußere Hülle.

"Kleide dich nicht nur, um gut auszusehen. Kleide dich, um zu zeigen, wer du wirklich bist." – *Motivierende Worte von dem saudi-arabischen Unternehmer* **Prince Alwaleed**

Die Veränderung beginnt heute. Setze den ersten Schritt und entdecke, wie du mit einem verbesserten Erscheinungsbild nicht nur das Bild, das andere von dir haben, veränderst, sondern auch das Bild, das du von dir selbst hast. Du wirst nicht nur mehr respektiert – du wirst bewundert und als ein wahrer arabischer Gentleman oder eine arabische Dame wahrgenommen, der/die mit einer Präsenz glänzt, die ohne Worte spricht und die Werte deiner Familie und Kultur verkörpert.

Die Veränderung beginnt heute. Setze den ersten Schritt und entdecke, wie du mit einem verbesserten Erscheinungsbild nicht nur das Bild, das andere von dir haben, veränderst, sondern auch das Bild, das du von dir selbst hast. Du wirst nicht nur mehr respektiert – du wirst bewundert und als ein wahrer arabischer Gentleman oder eine arabische Dame wahrgenommen, der/die mit einer Präsenz glänzt, die ohne Worte spricht und die Werte deiner Familie und Kultur verkörpert.

8.1 Der arabische Gentleman und sein stilvolles Auftreten: Vom traditionellen bis zum modernen Look

Ein arabischer Gentleman ist mehr als nur jemand, der sich gut benimmt – er ist jemand, der in jeder Hinsicht überzeugt. Vom respektvollen Umgang mit anderen bis hin zu einem tadellosen äußeren Erscheinungsbild, das seine Werte und seine Kultur widerspiegelt. In der heutigen Welt ist der erste Eindruck entscheidend. Und das Aussehen eines arabischen Gentlemans ist nicht nur das, was andere sehen, sondern auch ein Spiegelbild seines inneren Charakters, seiner Verantwortung und seines Respekts – sowohl für sich selbst als auch für die Menschen um ihn herum.

Dieser Leitfaden gibt dir klare, praktische Empfehlungen, um deinen Look auf das nächste Level zu bringen und zu einem echten Gentleman zu werden – mit einem stilvollen Auftritt, der deine Werte und deine Persönlichkeit unterstreicht. Du wirst lernen, in jeder Situation zu glänzen, von der

Familie bis hin zum sozialen Umfeld, und dabei das Ansehen zu gewinnen, das du verdienst.

Warum gepflegtes Aussehen und Stil ein Gentleman ausmachen:

Ein Gentleman von heute ist jemand, der nicht nur höflich und respektvoll ist, sondern auch jemand, der sich gut präsentiert. Ein gepflegtes Erscheinungsbild ist keine zufällige Entscheidung – es ist ein bewusster Ausdruck der Werte, die du vertrittst. Es zeigt, dass du Verantwortung übernimmst und die Bedeutung deines Auftritts verstehst. Dein Look beeinflusst, wie du dich selbst siehst und wie andere dich wahrnehmen.

Praktische Tipps, um als arabischer Gentleman zu glänzen:

Wähle Kleidung, die deine Kultur widerspiegelt

Ein arabischer Gentleman trägt oft traditionelle Elemente, die seine Herkunft ehren – sei es ein maßgeschneiderter Anzug, der klassische Eleganz ausstrahlt, oder die traditionelle Dishdasha, die mit modernen Akzenten kombiniert wird. Wähle Stücke, die sowohl deine Wurzeln respektieren als auch deinen modernen Lebensstil unterstreichen.

Beispiel: Der saudische Unternehmer und Philanthrop Prince Alwaleed bin Talal kombiniert westliche Business-Kleidung mit traditionellen arabischen Elementen, um sowohl Respekt als auch Innovation zu symbolisieren.

Achte auf die Passform deiner Kleidung

Der Schlüssel zu einem stilvollen Erscheinungsbild ist die Passform. Egal, wie teuer ein Kleidungsstück ist – wenn es nicht gut sitzt, verliert es an Wirkung. Investiere in gutsitzende, maßgeschneiderte Kleidung, die deine Körperform betont und dir gleichzeitig Bewegungsfreiheit lässt.

Praktischer Tipp: Achte darauf, dass dein Anzug an den Schultern perfekt sitzt – das ist der erste Punkt, an dem die Passform auffällt.

Vertraue auf dezente Farben

Klassische Farben wie Schwarz, Navy Blau und Grau sind zeitlos und eignen sich für nahezu jede Gelegenheit. Du kannst Akzente setzen, aber der Großteil deines Looks sollte auf soliden, neutralen Tönen beruhen. Diese Farben signalisieren Selbstbewusstsein und Professionalität.

Der ägyptische Schauspieler **Omar Sharif** *war bekannt für seine elegante Wahl von dunklen, klassischen Farben, die sein stilvolles Auftreten unterstrichen.*

Kombiniere Tradition mit Moderne

Ein arabischer Gentleman versteht es, traditionelle Elemente seines Kleidungsstils mit modernen Akzenten zu kombinieren. Ein klassischer Anzug mit einem modernen Schnitt, kombiniert mit traditionellen Accessoires wie einem feinen Kopfschmuck, kann deinem Look Tiefe und Charakter verleihen.

Die **VAE-Staatsführung** *setzt oft auf eine Mischung aus modernen westlichen Anzügen und traditionellen Kleidungsstücken, die ihre arabische Identität stolz zur Schau stellen.*

Wähle Accessoires mit Bedacht

Ein eleganter Gentleman weiß, dass Accessoires nicht nur schmücken, sondern auch das Bild vervollständigen. Eine hochwertige Uhr, ein edler Gürtel oder ein dezent gewähltes Einstecktuch können den Unterschied machen. Vermeide es jedoch, zu viele Accessoires zu tragen – weniger ist mehr.

Der Unternehmer und Philanthrop **Mohammed Al Amoudi** *trägt immer eine dezente, aber auffällige Uhr, die seinen Status und seinen Sinn für Stil unterstreicht.*

Achte auf die Pflege deiner Hände und Nägel

Die Hände eines Gentlemans sind genauso wichtig wie sein Outfit. Gepflegte Hände und Nägel signalisieren nicht nur Hygiene, sondern auch Eleganz und Verantwortung. Achte darauf, deine Hände regelmäßig zu pflegen, um einen insgesamt gepflegten Eindruck zu hinterlassen.

Der bekannte Schauspieler und Sänger **Fadel Shaker** *achtet besonders auf gepflegte Hände, was bei seinen öffentlichen Auftritten stets auffällt.*

Pflege dein Haar regelmäßig

Ein gepflegter Haarschnitt ist ein unverzichtbares Element des stilvollen Auftritts eines Gentlemans. Achte darauf, regelmäßig zum Friseur zu gehen und deine Frisur an deinen persönlichen Stil und dein Gesicht anzupassen. Ein frischer Haarschnitt verstärkt dein Selbstbewusstsein und sorgt für einen positiven Eindruck.

„Ein ordentlicher Haarschnitt ist der erste Schritt zu einem respektablen Auftritt." – **Khaled bin Sultan**, Saudi-Arabien

Verwende dezenten, aber markanten Duft

Düfte sind ein unterschätztes, aber äußerst wirkungsvolles Stilmittel. Wähle ein Parfüm, das zu deinem persönlichen Stil und Charakter passt. Ein raffinierter Duft kann den gesamten Eindruck deines Erscheinungsbildes unterstreichen und den Raum, den du betrittst, nachhaltig prägen.

Der berühmte libanesische Designer **Elie Saab** *setzt auf einzigartige Parfüms, die mit Eleganz und Raffinesse überzeugen.*

Sei immer pünktlich und organisiert

Ein Gentleman ist nicht nur in seinem Aussehen, sondern auch in seinem Verhalten vorbildlich. Pünktlichkeit und Organisation sind entscheidend, um einen guten Eindruck zu hinterlassen. Ein arabischer Gentleman plant seinen Tag sorgfältig und sorgt dafür, dass er immer rechtzeitig und gut vorbereitet erscheint.

„Echte Führungspersönlichkeiten zeichnen sich durch Pünktlichkeit und Präzision aus." – **Scheich Mohammed bin Rashid Al Maktoum**, *VAE*

Zeige Respekt durch Körpersprache

Deine Körpersprache ist genauso wichtig wie dein Aussehen. Achte darauf, eine offene, respektvolle Haltung zu zeigen. Ein Gentleman steht aufrecht, spricht ruhig und hält Augenkontakt. Diese Verhaltensweisen signalisieren

Selbstvertrauen und Respekt für andere.

Der saudi-arabische **König Salman** *ist bekannt für seine respektvolle und aufrechte Haltung, die sowohl im privaten als auch im öffentlichen Leben stark bewundert wird.*

Warum das wichtig ist:

Ein gepflegtes Erscheinungsbild ist mehr als nur äußerlich. Es zeigt, dass du Verantwortung übernimmst, dass du dir selbst und den Menschen um dich herum Respekt entgegenbringst. Dein Stil ist ein Spiegelbild deiner inneren Werte, und er wird dir helfen, das Ansehen und den Respekt zu gewinnen, den du verdienst. Wenn du dich selbst respektierst, wird auch die Welt dich respektieren.

Starte jetzt!

Es ist Zeit, deinen Look zu perfektionieren und dich selbst als arabischen Gentleman zu repräsentieren. Dein Erfolg

beginnt mit deinem Erscheinungsbild – geh mit Stil und Selbstbewusstsein durch den Tag.

8.2 Verändere deinen Auftritt – gewinne Respekt und Bewunderung in nur 10 Minuten täglich

Fühlst du dich manchmal übersehen – in deiner Familie, bei der Arbeit oder in deinem sozialen Umfeld? Dein Auftritt bestimmt, wie du wahrgenommen wirst. Mit nur 10 Minuten täglicher Pflege und Vorbereitung kannst du dein Leben verändern – und als respektierter Gentleman oder bewunderte Dame glänzen. Ein starker Auftritt ist nicht nur äußerlich sichtbar, sondern stärkt dein Selbstbewusstsein und sorgt dafür, dass du im privaten und beruflichen Umfeld Anerkennung erhältst.

Von unauffällig zu bewundert – in 4 einfachen Schritten

Dein Outfit und deine tägliche Pflege sind der Schlüssel zur Transformation:

Mit klassischer Eleganz, stilvollem Auftreten und bewusster Selbstpflege wirst du nicht nur äußerlich glänzen, sondern auch innerlich wachsen. Die Kombination aus kleinen, alltäglichen Gewohnheiten und der richtigen Haltung hilft dir dabei, ein neues Selbstbild zu entwickeln und bleibenden Eindruck zu hinterlassen.

Visuelle Tipps: Dein Outfit – vom klassischen Look bis zum modernen Stil

Dein Outfit ist mehr als nur Kleidung. Es ist eine Aussage. Es ist die erste Impression, die du hinterlässt – und sie kann den Ton für jede Begegnung setzen. Doch wie schaffst du es, deinen Look so zu gestalten, dass er sowohl klassisch als auch modern wirkt? Die Antwort liegt in den Details.

Setze auf Klassiker mit einem modernen Twist

Ein gutsitzender Anzug, ein elegantes Hemd, dazu feine Details wie eine schlichte Armbanduhr oder hochwertige Schuhe – das sind die Basisbestandteile eines Gentleman-Looks. Wähle einen Schnitt, der zu deinem Körperbau passt, und achte auf Stoffe, die gleichzeitig edel und bequem sind. Ein klassisches Outfit wird durch moderne Elemente lebendig.

Mut zur Farbe, aber nicht zu viel

Während Schwarz, Grau und Navy immer eine gute Wahl sind, setze Akzente – sei es durch eine rote Krawatte oder ein individuell gestaltetes Hemd. Achte darauf, dass die Farben miteinander harmonieren und dir schmeicheln. So bleibt dein Look elegant und dennoch ausdrucksstark.

Accessoires richtig wählen

Accessoires sind das kleine Extra, das dein Outfit perfekt macht. Ein eleganter Gürtel, eine dezente Tasche oder Manschettenknöpfe können einen Look vervollständigen. Doch hier gilt: weniger ist mehr. Dein Ziel ist es, durch clevere Akzente zu glänzen, ohne zu überladen.

Pflege ist der Schlüssel

Gepflegte Hände, saubere Schuhe und ein frischer Haarschnitt – all diese kleinen Details machen den Unterschied. Dein Erscheinungsbild ist ein Spiegel deiner Haltung und deines Respekts gegenüber dir selbst und anderen.

Kleidung und Pflege in nur 10 Minuten pro Tag

Stell dir vor, du verlässt das Haus und fühlst dich selbstbewusst und stilvoll – und das alles in nur 10 Minuten. Du musst keine Stunde vor dem Spiegel verbringen, um dich wie ein Gentleman oder eine elegante Dame zu fühlen. Hier sind deine täglichen 10-Minuten-Schritte:

2 Minuten Outfit-Check: Überprüfe dein Outfit auf Falten, Flecken oder Unordnung. Ein gut gebügeltes Hemd oder polierte Schuhe sind oft der entscheidende Unterschied.

3 Minuten Hautpflege und Duft: Eine kurze Pflegeroutine – saubere Haut, ein erfrischendes Gesichtswasser und ein dezenter Duft – sorgen für einen gepflegten Eindruck.

5 Minuten Styling: Ein passender Haarschnitt oder schlichte Frisur und das richtige Accessoire (Armbanduhr oder Gürtel) runden deinen Look ab.

So haben andere ihr Leben verändert

Ahmed 36, Unternehmer: „*Ich fühlte mich unsichtbar – heute werde ich in jedem Raum wahrgenommen. Ein schlichter Anzug, gepflegte Schuhe und 10 Minuten tägliche Vorbereitung haben alles verändert. Mein Geschäft floriert, und ich gewinne mehr Respekt in meiner Familie und meinem Umfeld.*"

Layla 29, Anwältin: „*Vorher hatte ich das Gefühl, mich ständig beweisen zu müssen. Heute genügt ein selbstbewusster Auftritt – und ich spüre, wie mein Umfeld mich respektiert und bewundert. Es begann mit kleinen Veränderungen, die ich konsequent umgesetzt habe.*"

Karim 42, Familienvater: „Ich wollte meiner Familie ein Vorbild sein – ein Mann, der Verantwortung und Respekt ausstrahlt. Der Guide hat mir gezeigt, wie ich mit minimalem Aufwand ein gepflegtes Äußeres und starkes Auftreten entwickeln kann. Jetzt spüre ich, wie ich Anerkennung von meiner Familie und der Gemeinschaft erhalte."

Der langfristige Nutzen: Mehr als nur das Äußere

Ein gepflegtes Äußeres öffnet Türen – beruflich, sozial und privat. Es zeigt der Welt, dass du Wert auf Respekt, Disziplin und Verantwortung legst – Werte, die in der arabischen Kultur höchste Anerkennung finden. Wenn du dich täglich um dein Erscheinungsbild kümmerst, stärkst du nicht nur deine äußere Wahrnehmung, sondern auch dein Selbstbewusstsein und deine innere Haltung.

Dein Auftritt zählt – und du kannst ihn gestalten

Nutze die Kraft der klassischen Eleganz und bringe deine Persönlichkeit auf die nächste Stufe. Verändere dein Leben mit kleinen, gezielten Schritten. Mit nur 10 Minuten täglicher Pflege wirst du der respektierte Gentleman oder die bewunderte Dame, die in Familie, Beruf und Gemeinschaft Anerkennung und Bewunderung erntet. Fang noch heute an – und hinterlasse bleibenden Eindruck, wo auch immer du hingehst.

8.3 Hygiene und Haltung: Wie du als Gentleman durch dein Äußeres Respekt und Eleganz ausstrahlst

Manchmal sind es die kleinen Dinge, die den großen Unterschied machen. Ein gepflegtes Erscheinungsbild und eine selbstbewusste Haltung sind nicht nur Ausdruck von Respekt – für dich selbst und andere –, sondern auch dein Schlüssel zu einem bleibenden Eindruck. Es geht nicht darum, perfekt zu sein, sondern die Details bewusst wahrzunehmen und gezielt zu verbessern.

> *„Ein Mann wird durch seine Taten geehrt, nicht durch seine Worte."*

Dieses alte arabische Sprichwort erinnert uns daran, dass **Respekt verdient** wird – durch unser Auftreten, unsere Pflege und unsere Haltung. Sie sind ein Spiegel dessen, wer wir sind und wie wir behandelt werden wollen.

Praktische Tipps für deinen Alltag

Hygiene als Visitenkarte

"Sauberkeit ist die Hälfte des Glaubens." – **Prophet Mohammed,** Saudi-Arabien

TIPP 1: Wasche deine Hände regelmäßig.

Umsetzung: Wasche dir vor jeder Mahlzeit und nach dem Toilettengang die Hände.

Beispiel: Vor einem geschäftlichen Treffen wäschst du dir die Hände gründlich und desinfizierst sie, um sauber und gepflegt zu wirken.

TIPP 2: Frischer Atem.

Umsetzung: Verwende Mundwasser oder Kaugummi regelmäßig.

Beispiel: Du nimmst dir nach dem Mittagessen eine kurze Pause, um dir die Zähne zu putzen und frischen Atem zu haben, bevor du zu deinem nächsten Meeting gehst.

TIPP 3: Gepflegte Haare und Haut.

Umsetzung: Entwickle eine tägliche Hautpflege- und Haarpflegeroutine.

Beispiel: Du kümmerst dich nach dem Duschen um deine Hautpflege und frisierst dir die Haare ordentlich.

TIPP 4: Verwende ein dezentes Parfum.

Umsetzung: Wähle einen angenehmen, nicht aufdringlichen Duft.

Beispiel: Du trägst jeden Morgen ein dezentes Parfum auf, um deinen Auftritt zu unterstreichen.

TIPP 5: Achte auf saubere Nägel und Kleidung.

Umsetzung: Gehe regelmäßig zur Maniküre und pflege deine Kleidung.

Beispiel: Du lässt dir alle zwei Wochen deine Nägel pflegen und achtest darauf, dass deine Kleidung immer ordentlich aussieht.

2. Deine Haltung spricht Bände

*"Die Haltung eines Menschen ist das Spiegelbild seines inneren Wesens." – **Sheikh Mohammed bin Rashid Al Maktoum**, VAE*

TIPP 1: Gehe mit aufrechtem Rücken.

Umsetzung: Übe das Gehen mit geradem Rücken.

Beispiel: Jeden Morgen überprüfst du dich im Spiegel, um sicherzustellen, dass deine Haltung gerade und selbstbewusst ist.

TIPP 2: Halte Blickkontakt.

Umsetzung: Achte darauf, den Blickkontakt zu halten.

Beispiel: Bei einem Gespräch mit einem Kollegen schaust du ihm respektvoll in die Augen, während er spricht.

TIPP 3: Vermeide es, dich zu verkrampfen.

Umsetzung: Entspanne deine Schultern und halte eine lockere, aber aufrechte Haltung.

Beispiel: Du übst regelmäßig vor dem Spiegel, deine Haltung zu entspannen, um bei öffentlichen Auftritten ruhig und gelassen zu wirken.

TIPP 4: Bleibe ruhig und gesammelt.

Umsetzung: Setze Atemtechniken ein, um in stressigen Momenten ruhig zu bleiben.

Beispiel: Du machst eine kurze Atemübung, bevor du eine Präsentation hältst, um deine Nervosität abzubauen.

TIPP 5: Zeige dein Selbstbewusstsein durch Körpersprache.

Umsetzung: Verwende offene, selbstbewusste Gesten.

Beispiel: In einem Meeting zeigst du durch deine Körpersprache, dass du aktiv zuhörst und deine Meinung respektvoll einbringst.

3. Selbstbewusstsein und Ausstrahlung

"Der wahre Reichtum liegt in der Überzeugung von sich selbst."
– Sheikh Zayed bin Sultan Al Nahyan, VAE

TIPP 1: Fokussiere dich auf deine Stärken.

Umsetzung: Liste deine Stärken auf und entwickle sie weiter.

Beispiel: Du schreibst eine Liste deiner größten Stärken und legst fest, wie du sie in deinem Job oder Privatleben einsetzen kannst.

TIPP 2: Setze dir klare Ziele.

Umsetzung: Definiere täglich kleine Ziele, die dich näher an deine größeren Ziele bringen.

Beispiel: Du setzt dir als Ziel, an diesem Tag ein wichtiges Projekt zu beenden und dir Feedback von Kollegen zu holen.

TIPP 3: Positives Denken.

Umsetzung: Beginne den Tag mit positiven Affirmationen.

Beispiel: Du sagst dir morgens: "Ich bin erfolgreich, ich kann Herausforderungen meistern", bevor du den Tag beginnst.

TIPP 4: Akzeptiere Fehler als Teil des Lernprozesses.

Umsetzung: Lerne aus deinen Fehlern und nutze sie zur Weiterentwicklung.

Beispiel: Nach einem misslungenen Projekt reflektierst du, was du besser machen kannst, und verbesserst dich bei der nächsten Gelegenheit.

TIPP 5: Achte auf deine innere Ruhe.

Umsetzung: Übe regelmäßig Meditation oder Atemtechniken.

Beispiel: Du nimmst dir jeden Morgen 10 Minuten für eine Atemübung oder Meditation, um ruhig und fokussiert in den Tag zu starten.

4. Respekt und Höflichkeit

"Respekt ist die Grundlage einer erfolgreichen Gesellschaft." – **King Salman bin Abdulaziz**, Saudi-Arabien

TIPP 1: Höfliche Kommunikation.

Umsetzung: Verwende respektvolle und freundliche Sprache.

Beispiel: Du sprichst deine Kollegen immer mit höflichen Worten an und bittest um ihr Feedback, um Zusammenarbeit zu fördern.

TIPP 2: Höre aktiv zu.

Umsetzung: Zeige echtes Interesse an den Meinungen anderer.

Beispiel: Während eines Gesprächs wartest du geduldig, bis der andere seine Gedanken vollständig ausgedrückt hat, ohne zu unterbrechen.

TIPP 3: Achte auf deine Körpersprache.

Umsetzung: Verwende offene Gesten und einen freundlichen Gesichtsausdruck.

Beispiel: Du vermeidest verschränkte Arme und zeigst durch ein Lächeln, dass du offen und respektvoll bist.

TIPP 4: Sei geduldig.

Umsetzung: Übe Geduld in stressigen Situationen.

Beispiel: Wenn du in einer Warteschlange bist oder auf eine Antwort wartest, übst du Geduld und vermeidest Ungeduld.

TIPP 5: Biete Hilfe an.

Umsetzung: Hilf anderen, wenn sie Unterstützung benötigen.

Beispiel: Du bemerkst, dass ein Kollege Schwierigkeiten bei einer Aufgabe hat, und bietest ihm deine Hilfe an.

5. Disziplin und Verantwortung

"Der wahre Erfolg kommt nur mit Disziplin und Hingabe." – **Prince Alwaleed Bin Talal**, *Saudi-Arabien*

Praktische Tipps & Umsetzung:

TIPP 1: Setze klare Prioritäten.

Umsetzung: Erstelle eine Liste von Aufgaben, die du nach ihrer Dringlichkeit ordnest. **Beispiel:** Du planst deinen Arbeitstag, indem du die wichtigsten Aufgaben zuerst erledigst, bevor du dich weniger dringenden Aufgaben zuwendest.

TIPP 2: Sei pünktlich.

Umsetzung: Plane deine Zeit so, dass du immer rechtzeitig erscheinst.

Beispiel: Du stellst deinen Wecker 20 Minuten früher, um immer pünktlich zu sein, und kommst vor Meetings an, um dich vorzubereiten.

TIPP 3: Bleibe fokussiert.

Umsetzung: Vermeide Ablenkungen und bleibe bei einer Aufgabe, bis du sie abgeschlossen hast.

Beispiel: Du nutzt die Pomodoro-Technik, um deine Arbeit in konzentrierten 25-Minuten-Phasen zu erledigen.

TIPP 4: Übernehme Verantwortung für dein Handeln.

Umsetzung: Sei dir bewusst, dass du die Kontrolle über deine Entscheidungen hast.

Beispiel: Du entschuldigst dich, wenn du einen Fehler gemacht hast, und suchst aktiv nach Lösungen.

TIPP 5: Arbeite kontinuierlich an deiner Verbesserung.

Umsetzung: Setze dir klare, messbare Ziele für deine persönliche Entwicklung.

Beispiel: Du liest jeden Monat ein neues Buch oder nimmst an einem Online-Kurs teil, um deine Fähigkeiten weiter auszubauen.

Stell dir vor, du betrittst die prächtige Lobby eines großen Hotels in Dubai oder das private Majlis eines Familienoberhauptes.

Dein Gang ist aufrecht, deine Kleidung makellos, und du ziehst die Blicke der Anwesenden auf dich. Ein leises Flüstern geht durch den Raum: *„Wer ist dieser Mann? Er wirkt stark und souverän."* Dieses Gefühl – das Wissen, dass du Respekt und Bewunderung ausstrahlst – stärkt nicht nur dein Selbstbewusstsein, sondern lässt dich auch selbstsicher und erfolgreich wirken.

Warum Haltung und Respekt zählen?

Haltung und Respekt sind wie ein Schatten – sie folgen dir, wohin du auch gehst.

Diese kleinen Details entscheiden oft darüber, wie andere dich wahrnehmen. Gepflegtheit und Haltung zeigen, dass du dir und deinem Umfeld Respekt entgegenbringst. Ein Gentleman, der seine Haltung und Erscheinung pflegt, ist jemand, der Vertrauen, Anerkennung und Bewunderung ausstrahlt.

Die Kraft der Veränderung

Vielleicht fühlst du dich heute noch unbemerkt, unsicher oder unzufrieden. Aber:

Du verdienst es, respektiert und bewundert zu werden. Du hast die Macht, den ersten Schritt zu gehen – und die Veränderung beginnt mit dir.

Von kleinen Verbesserungen in deiner Pflegeroutine bis zu einer aufrechten Haltung – du wirst sehen, wie die Welt plötzlich anders auf dich reagiert.

Ahmed, 36, Unternehmer: *„Früher hat niemand auf mich geachtet – heute begrüßen mich die Menschen mit Respekt* *und Bewunderung. Ein schlichter, gepflegter Look und meine Haltung haben mein Leben verändert."*

Layla, 29, Anwältin: *„Ich habe gelernt, dass meine Haltung und mein Stil stärker wirken als tausend Worte. Jetzt gehe ich selbstbewusst durchs Leben und spüre, wie ich bei anderem Eindruck hinterlasse."*

Yousef, 42, Manager: *„Eine kleine Veränderung meiner morgendlichen Routine – saubere Schuhe, ein dezenter Duft und aufrechte Haltung – hat mir beruflich Türen geöffnet, die ich nie für möglich gehalten hätte."*

Ergreife die Chance – der Moment ist jetzt

Warte nicht länger, denn der Moment für Veränderung ist jetzt. Jede Sekunde, die du zögerst, könnte eine verpasste Gelegenheit für Respekt, Erfolg und Anerkennung sein.

Mach heute den ersten Schritt. Überlege, welches Detail du sofort verbessern kannst – sei es deine Körpersprache, dein gepflegter Auftritt oder die Art, wie du einen Raum betrittst.

Beginne heute – und erlebe, wie die Welt dir mit Bewunderung begegnet.

Lass deinen Stil und deine Haltung für dich sprechen. Sei der Gentleman, der du schon immer sein wolltest. Du wirst nicht nur gesehen, sondern auch gehört – und respektiert.

Jetzt ist deine Zeit, einen bleibenden Eindruck zu hinterlassen!

KAPITEL 9: Emotionale Tiefe und Respekt in der Kommunikation: So wirst du gehört und geschätzt

> *„Die wahre Größe eines Menschen zeigt sich nicht in der Lautstärke seiner Worte, sondern in der Tiefe seines Respekts und der Ehrlichkeit, mit der er spricht."* – **Khalil Gibran**, Libanon

Erfolg in der Kommunikation bedeutet mehr, als nur die richtigen Worte zu wählen. Es geht darum, mit **Respekt, emotionaler Intelligenz** und **Authentizität** aufzutreten. Nur so wirst du nicht nur gehört, sondern auch geschätzt. Dieser Leitfaden zeigt dir, wie du klassische Werte wie **Höflichkeit** und **Verantwortung** in deine moderne Kommunikation integrierst – präzise, direkt und ohne unnötige Theorie.

Dein Tonfall – die unsichtbare Botschaft

„Dein Tonfall ist die unsichtbare Botschaft, die deine wahre Haltung enthüllt. Achte auf die Art, wie du sprichst, denn sie zeigt mehr von dir als deine Worte." – **Khalil Gibran**, Libanon

Ein ruhiger, respektvoller Ton zeigt **Souveränität** und vermeidet Missverständnisse. Deine Haltung im Gespräch ist genauso wichtig wie das, was du sagst. Sprich klar und gelassen, und du wirst feststellen, wie Menschen dir mit mehr **Aufmerksamkeit** und **Vertrauen** begegnen.

Die Art, wie du sprichst, ist oft lauter als die Worte, die du sagst." – **Scheich Mohammed bin Rashid Al Maktoum**, VAE

Dieser Spruch unterstreicht, dass der Tonfall die wahre Bedeutung einer Botschaft transportiert. Ein ruhiger, respektvoller Ton schafft nicht nur Klarheit, sondern hinterlässt auch einen bleibenden Eindruck, der Vertrauen und Respekt fördert.

„Wer mit Weisheit spricht, spricht in einem Ton, der das Herz des Zuhörers erreicht." – **Imam Ali**, Saudi-Arabien

Imam Ali betont die Macht des Tonfalls und der inneren Weisheit. Ein ruhiger und respektvoller Ton stärkt die

Verbindung und lässt die Botschaft in einer Weise wirken, die das Herz des Zuhörers berührt und Vertrauen schafft.

Aktives Zuhören – das Geheimnis tiefer Verbindungen

Menschen möchten nicht nur gehört, sondern auch verstanden werden. Indem du aufmerksam zuhörst und echtes Interesse an den Perspektiven anderer zeigst, baust du **Vertrauen** auf und stärkst jede Beziehung – ob privat oder beruflich.

„Zuhören ist der Anfang jeder Weisheit." – **Imam Ali**, *Saudi-Arabien*

Dieser Spruch betont, wie wichtig es ist, anderen wirklich zuzuhören, um tiefe Verbindungen aufzubauen und Weisheit zu erlangen. Wahres Zuhören ist der erste Schritt, um die Perspektiven anderer zu verstehen und zu schätzen.

Wertschätzung macht dich unersetzlich

Ein einfaches Lob oder ein dankbares Wort kann den Unterschied machen. **Anerkennung** stärkt nicht nur Beziehungen, sondern hebt dich als **Gentleman** hervor, der andere zum Strahlen bringt.

„Die größte Gabe, die du einem Menschen machen kannst, ist deine Anerkennung." **– Scheich Mohammed bin Rashid Al Maktoum, VAE**

Dieser Spruch erinnert uns daran, dass wahre Wertschätzung nicht nur durch Geschenke, sondern durch ehrliche Anerkennung und Wertschätzung des anderen Ausdrucks findet.

Grenzen respektieren – wahre Größe zeigen

Respekt bedeutet auch, zu wissen, wann man spricht und wann man schweigt. Lass deinem Gesprächspartner Raum, sich auszudrücken, und vermeide Übergriffe wie ständiges Unterbrechen. So zeigst du wahre Rücksicht und gewinnst langfristig **Vertrauen**.

„Große Menschen sprechen, wenn sie etwas zu sagen haben. Kleine Menschen sprechen, um gehört zu werden." **– König Faisal bin Abdulaziz Al Saud**, Saudi-Arabien

Dieser Spruch betont, dass wahre Größe darin liegt, zu wissen, wann man spricht und wann man schweigt. Respekt gegenüber den Grenzen des Gesprächspartners ist ein Zeichen von Weisheit und Selbstbeherrschung.

Warum du das tun solltest

Stell dir vor, du betrittst einen Raum und die Menschen spüren sofort deine Präsenz – selbstbewusst, respektvoll und klar. Deine Worte haben Gewicht, deine Haltung strahlt **Empathie** aus. So wirst du nicht nur in beruflichen Situationen, sondern auch privat als inspirierende Persönlichkeit wahrgenommen.

So wirst du zum Meister der Kommunikation

Ton und Körpersprache optimieren: Mache einen starken ersten Eindruck.

Aktives Zuhören üben: Zeige echtes Interesse und Wertschätzung.

Grenzen respektieren: Stärke das Vertrauen deines Gegenübers.

Prinzipien umsetzen: Nutze jede Gelegenheit, deine Kommunikation zu verfeinern.

Beginne noch heute!

Setze diese Prinzipien um und erlebe, wie du in Gesprächen glänzt, **Respekt gewinnst** *und in jeder Situation als wahrer* *arabischer Gentleman beeindruckst. Dein Erfolg beginnt mit deinem ersten Schritt – warum also warten?*

Meistere Kommunikation mit Respekt und Herz: Dein Weg zum Erfolg

In der arabischen Welt ist Kommunikation der Schlüssel zu wahrer Größe – sowohl im persönlichen als auch im beruflichen Leben. Es geht nicht nur darum, was du sagst, sondern **wie** du es sagst. Wenn du mit **Respekt, Klarheit** und **emotionaler Tiefe** sprichst, wirst du gehört, respektiert und bewundert – als Gentleman und als Frau von Stärke.

„Der, der Respekt zeigt, erhält Respekt." – ***Scheich Saud bin Saqr Al Qasimi, VAE***

Warum du jetzt handeln musst:

Für Männer: Stärke, Führung und Selbstbewusstsein sind die Grundlagen, die dich als respektierte Autorität auszeichnen.

Für Frauen: Mit **Empathie, Respekt** und **Klarheit** wirst du die Herzen gewinnen und als Quelle von Vertrauen und Inspiration strahlen.

Beherrsche deinen Tonfall – Sprich ruhig und mit Selbstbewusstsein

*"Wer ruhig spricht, der lässt die Welt hören." – **Scheich Zayed bin Sultan Al Nahyan**, VAE*

Praktisches Beispiel: Stell dir vor, du sitzt mit deiner Familie beim Abendessen. Es wird über eine wichtige Familienangelegenheit diskutiert. Du erhebst nicht die Stimme, sondern sprichst ruhig und bedacht. Deine Stimme ist klar, und du formulierst deine Meinung so, dass sie respektvoll und deutlich rüberkommt. Plötzlich merkt jeder, wie der Dialog in eine positive Richtung geht. Es ist die ruhige und respektvolle Art der Kommunikation, die dich zu einem geschätzten Mitglied des Gesprächs macht und allen zuhören lässt.

Zuhören, um zu verstehen

*"Höre mehr zu als du sprichst, denn der, der hört, wird verstanden." – **Imam Ali**, Saudi-Arabien*

Praktisches Beispiel: In einer Besprechung bei der Arbeit hebt ein Kollege eine interessante Idee hervor, die du zunächst nicht sofort verstehst. Anstatt in deinen eigenen Gedanken gefangen zu sein und auf deine eigene Meinung zu warten, hörst du aufmerksam zu und stellst gezielte Fragen, um den Gedanken zu vertiefen. Dein Kollege fühlt sich ernst genommen und respektiert, was das Team stärkt und die Zusammenarbeit fördert. Durch dein aktives Zuhören stärkst du nicht nur dein berufliches Netzwerk, sondern baust auch tiefere, langfristige Beziehungen auf.

Zeige Wertschätzung und Anerkennung

"Die Anerkennung eines Menschen ist das beste Geschenk, das du ihm machen kannst." – **Scheich Mohammed bin Rashid Al Maktoum**, *VAE*

Praktisches Beispiel: Nach einer großen Familienfeier hast du bemerkt, wie deine Schwester unermüdlich gearbeitet hat, um die Veranstaltung zu organisieren und allen ein unvergessliches Erlebnis zu bereiten. Anstatt die Feierlichkeit einfach zu genießen, nimmst du dir einen Moment und lobst sie aufrichtig vor der gesamten Familie für ihre Bemühungen und den tollen Job, den sie gemacht hat. Deine Worte kommen ehrlich von Herzen und ermutigen sie, noch mehr zu geben. Durch diese Anerkennung stärkt sich nicht nur eure Beziehung, sondern der Zusammenhalt in der Familie wird noch weiter gefestigt.

Respektiere Grenzen – Wahre Größe kommt aus dem, was du nicht sagst

"Wahre Stärke liegt in der Fähigkeit, mit Ruhe und Geduld zu antworten." – **Scheich Saud bin Saqr Al Qasimi**, VAE

Praktisches Beispiel: In einer Geschäftsverhandlung sitzt du am Tisch mit einem wichtigen Partner. Er spricht leidenschaftlich und beschreibt seine Bedenken, ohne dich zu unterbrechen. Statt sofort zu antworten, nimmst du dir einen Moment, um alles zu reflektieren, und lässt ihm den Raum, seine Argumente vollständig darzulegen. Du gibst ihm das Gefühl, dass seine Meinung zählt und respektiert wird. Wenn du schließlich antwortest, tust du dies ruhig und bedacht, was den Dialog auf eine respektvolle und konstruktive Ebene hebt und die Verhandlung in eine positive Richtung lenkt.

Handle mit Integrität und Ehrlichkeit

"Das Vertrauen ist die Grundlage jeder Beziehung und lässt uns in die Zukunft blicken." – **König Abdullah II.**, Jordanien

Praktisches Beispiel: Du befindest dich in einer schwierigen Situation, in der du einen Fehler gemacht hast, der Auswirkungen auf das gesamte Projekt haben könnte. Anstatt die Verantwortung zu leugnen oder die Schuld auf andere zu schieben, gehst du offen auf dein Team zu, entschuldigst dich und bietest sofort Lösungen an. Deine ehrliche Herangehensweise stärkt das Vertrauen innerhalb des Teams und zeigt, dass du Verantwortung übernimmst. Du wirst nicht nur als ehrlicher und vertrauenswürdiger Partner angesehen, sondern auch als jemand, der in schwierigen Zeiten die Führung übernimmt.

Zeige Geduld und Ausdauer

"Geduld ist die Stärke desjenigen, der versteht, dass jede Reise ihre eigenen Herausforderungen hat." – ***König Salman bin Abdulaziz Al Saud***, Saudi-Arabien

Praktisches Beispiel: Du hast ein großes Projekt übernommen, das sich als schwieriger herausstellt, als du ursprünglich gedacht hast. Anstatt frustriert aufzugeben, bleibst du ruhig und geduldig, während du Schritt für Schritt die notwendigen Maßnahmen ergreifst, um die Herausforderungen zu bewältigen. Du nimmst dir Zeit, um alle Aspekte des Projekts sorgfältig zu analysieren und mit deinem Team zu besprechen. Deine Geduld zahlt sich aus, als das Projekt schließlich erfolgreich abgeschlossen wird und alle Beteiligten dein Engagement und deine Ausdauer anerkennen.

Übernehme Verantwortung

"Wer Verantwortung übernimmt, ist der wahre Führer." – ***Scheich Khalifa bin Zayed Al Nahyan***, *VAE*

Praktisches Beispiel: In einem kritischen Moment eines Projekts, das fast gescheitert wäre, nimmst du die Verantwortung für den Fehlschlag an. Anstatt anderen die Schuld zuzuschieben, schaust du dir an, was schiefgelaufen ist und findest Lösungen, um das Problem zu beheben. Du übernimmst die volle Verantwortung und leitest das Projekt erfolgreich zurück in die richtige Richtung. Deine Kollegen schätzen dein Verantwortungsbewusstsein und sehen dich als einen verlässlichen und starken Führer.

Verhalte dich mit Würde und Respekt

"Wahre Größe zeigt sich nicht im, was du tust, sondern in der Art und Weise, wie du es tust." – **Scheich Rashid bin Saeed Al Maktoum**, *VAE*

Praktisches Beispiel: Du bist in einer schwierigen Verhandlung und die Diskussion wird hitzig. Du könntest die Kontrolle verlieren und mit gleicher Münze zurückzahlen, aber du entscheidest dich, die Sache mit Würde und Respekt anzugehen. Du bleibst ruhig, hörst zu und reagierst auf die Bedenken deines Verhandlungspartners, ohne deine Professionalität zu verlieren. Am Ende wird die Situation nicht nur respektvoll gelöst, sondern du gewinnst die Achtung aller Anwesenden für dein besonnenes Verhalten.

Ermutige andere zur Zusammenarbeit

"In der Einheit liegt die Stärke eines Volkes." – **König Faisal bin Abdulaziz Al Saud**, Saudi-Arabien

Praktisches Beispiel: Du leitest ein Projekt und es gibt Spannungen zwischen den Teammitgliedern. Statt in deinem eigenen Büro zu bleiben, trittst du aktiv in den Dialog mit den einzelnen Mitgliedern und ermutigst sie, ihre Ideen offen zu teilen. Du baust eine Atmosphäre des Vertrauens auf und förderst die Zusammenarbeit, indem du die Stärken jedes Teammitglieds anerkennst und ihre Beiträge würdigst. Am Ende wird das Team nicht nur das Projekt erfolgreich abschließen, sondern auch gestärkt aus der Erfahrung hervorgehen.

Investiere in Wissen und Bildung

"Das Wissen ist der wahre Reichtum eines Menschen." – **Imam Ali**, Saudi-Arabien

Praktisches Beispiel: Du bist in einer Branche tätig, die sich ständig verändert und weiterentwickelt. Anstatt dich auf deinen bisherigen Kenntnissen auszuruhen, investierst du in Fort- und Weiterbildungen. Du besuchst Seminare, nimmst an Workshops teil und bleibst stets auf dem neuesten Stand der Entwicklungen in deinem Bereich. Deine kontinuierliche Weiterbildung macht dich zu einem Experten und erhöht nicht nur deine beruflichen Chancen, sondern verleiht dir auch das Ansehen und die Anerkennung, die du verdienst.

Diese detaillierteren Beispiele verdeutlichen, wie du diese Prinzipien in deinem Alltag anwenden kannst und wie sie dich dabei unterstützen, sowohl in deinem privaten als auch in deinem beruflichen Leben als respektierte und erfolgreiche Persönlichkeit wahrgenommen zu werden.

Setze diese Prinzipien heute um!

Stell dir vor, wie deine Familie und Freunde dich für deinen respektvollen Umgang bewundern, wie du in Besprechungen den Respekt deiner Kollegen gewinnst und deine Beziehungen eine neue Tiefe erhalten. Du wirst als jemand wahrgenommen, der die Menschen um sich herum inspiriert und führt.

Es ist an der Zeit, jetzt zu handeln – nutze diese Prinzipien und erlebe schon bald, wie deine Kommunikation und Beziehungen sich zum Positiven verändern. Wirst du derjenige sein, der andere inspiriert und führt? Warum warten, wenn der Erfolg bereits heute beginnen kann?

Der erste Schritt in eine respektvolle, erfolgreiche Zukunft wartet auf dich. Beginne jetzt!

9.1 Die arabische Kunst der Kommunikation: Wie du als Gentleman das Gespräch führst und Respekt zeigst

Dieser Leitfaden bietet dir klare, direkte Empfehlungen ohne unnötige Theorie – präzise und effektiv. Aber es geht nicht nur darum, Wissen zu vermitteln. Es geht darum, sofort die Veränderung zu erleben, die du verdienst. In der arabischen Kultur sind Werte wie Respekt, Höflichkeit und Verantwortung entscheidend, um Erfolg, Anerkennung und eine respektierte Position in der Gesellschaft zu erlangen. Und du kannst diesen Erfolg direkt heute beginnen – mit der Kunst der Kommunikation.

Echte Gespräche führen – die Kunst des Zuhörens

Wir alle kennen sie: Gespräche, bei denen wir uns schnell verloren fühlen, während unser Gegenüber nur von sich selbst spricht. Doch was wäre, wenn du derjenige bist, der das Gespräch auf ein völlig neues Level hebt? Was, wenn du echte Verbindungen aufbaust, indem du nicht nur redest, sondern vor allem zuhörst? Du wirst nicht nur die Menschen um dich herum stärker respektieren – du wirst auch ihren Respekt gewinnen.

1. Sei voll präsent: Kein Multitasking!

Wenn du mit jemandem sprichst, sei voll da. Schau deinem Gesprächspartner in die Augen und gib ihm deine ungeteilte Aufmerksamkeit. Dein Respekt wird durch deine Präsenz sofort spürbar, und du wirst als jemand wahrgenommen, der die Beziehungen zu den Menschen um ihn herum wertschätzt. Denn wahre Anerkennung beginnt mit dem einfachen Akt des Zuhörens.

Beispiel aus der Familie:

Stell dir vor, deine Mutter spricht über ihre Kindheitserinnerungen und bittet dich, ihre Geschichten anzuhören. Statt mit deinem Handy beschäftigt zu sein, widmest du ihr volle Aufmerksamkeit. Sie wird sich wertgeschätzt fühlen und dir Respekt zollen – der Anfang einer tieferen Verbindung.

„Ein Mann, der zuhören kann, ist wie ein Baum, der den Wind nicht fürchtet." – Arabisches Sprichwort

2. Zeige echtes Interesse an den Gefühlen des anderen

Das kann so einfach sein wie zu fragen: „Wie fühlst du dich damit?" oder „Erzähl mir mehr darüber, das klingt spannend." Dein Interesse an den Gefühlen des anderen geht weit über oberflächliche Höflichkeit hinaus. In der arabischen

Kultur wird Respekt besonders durch echtes Interesse gezeigt – sei es im Familienkreis, im Beruf oder in romantischen Beziehungen.

Beispiel aus dem Beruf:

Stell dir vor, ein Kollege hat Schwierigkeiten mit einem Projekt. Anstatt sofort Lösungen anzubieten, fragst du: *„Wie fühlst du dich damit?"* Dein Interesse wird nicht nur seine Last lindern, sondern dir auch in der beruflichen Hierarchie Respekt und Anerkennung verschaffen.

„Derjenige, der versteht, kann führen. Derjenige, der führt, wird immer respektiert." – **Ibn Khaldun**, *arabischer Historiker*

3. Empathie statt Ratschläge: Nicht immer alles lösen wollen

Manchmal geht es beim Zuhören nicht darum, sofort eine Lösung zu bieten. Ein Einfaches *„Das muss wirklich schwierig für dich gewesen sein"* kann oft mehr bewirken als jede noch so durchdachte Lösung. Dieses Mitgefühl wird in der arabischen Kultur als eine der stärksten Formen des Respekts angesehen und hilft dir, eine tiefere Verbindung zu deinen Mitmenschen aufzubauen.

Beispiel aus einer romantischen Beziehung:

Deine Freundin hat einen schweren Tag erlebt. Anstatt sofort Lösungen anzubieten, fragst du ruhig: ‚*Was geht dir gerade durch den Kopf?*' Diese Frage zeigt, dass du ihre Gefühle wertschätzt und bereit bist, ihr zuzuhören, ohne sie zu drängen. Auf diese Weise wird eure Beziehung von Vertrauen und Respekt getragen, was eure Bindung stärker macht.

„Das größte Gut eines Mannes ist das, was er für andere tut." – **Khalil Gibran**, *libanesischer Dichter*

4. Verwende Pausen, um nachzudenken

Wenn du in einem Gespräch bist, gib dir Zeit zum Nachdenken, bevor du antwortest. Diese kurzen Momente der Reflexion zeigen nicht nur Respekt, sondern auch, dass du dir Zeit nimmst, über das Gesagte nachzudenken, bevor du antwortest. Und genau diese Art von Respekt wirst du zurückerhalten – nicht nur in deinem Gespräch, sondern auch in deinem sozialen Ansehen.

Beispiel aus dem Alltag:

Angenommen, du hast ein Gespräch mit einem Freund über ein sensibles Thema. Statt sofort eine Antwort zu geben, nimmst du dir einen Moment zum Nachdenken. Du wirst als jemand wahrgenommen, der nicht nur spricht, sondern auch wirklich versteht.

„Wer schnell spricht, hört oft nichts." – Arabisches Sprichwort

5. Die Macht der positiven Körpersprache

Deine Körpersprache spricht oft lauter als Worte. Ein leichtes Nicken, ein offenes Lächeln oder ein zustimmendes „Ich verstehe" zeigt deinem Gesprächspartner, dass du zuhörst und ihn ernst nimmst. Deine Körpersprache wird dafür sorgen, dass du in jeder Umgebung als aufmerksam und respektvoll wahrgenommen wirst – sei es im Familienkreis, im Berufsleben oder bei romantischen Treffen.

Warum Zuhören dich zum wahren Gentleman macht

Der wahre Gentleman weiß, dass der Schlüssel zu echten, erfolgreichen Gesprächen nicht nur im Sprechen, sondern vor allem im Zuhören liegt. Diese Fähigkeit ist nicht nur eine der edelsten Tugenden, sondern auch der direkte Weg, um persönliche Ziele zu erreichen: Respekt, Anerkennung und Erfolg in deinem sozialen Umfeld.

Wie Kommunikation deine persönlichen Ziele beeinflusst

Indem du die Kunst des Zuhörens beherrschst, erreichst du viele persönliche Ziele:

- Du gewinnst mehr Respekt im Berufsleben – durch echte, wertschätzende Kommunikation.
- Deine Beziehungen werden tiefer und stärker – du verstehst die Menschen um dich herum besser.
- Du wirst in deinem sozialen Umfeld mehr geschätzt und anerkannt – Respekt ist der Schlüssel zu jeder erfolgreichen sozialen Interaktion.
- Du wirst zu einer wertvollen Stütze in deiner Familie – jemand, auf den man sich verlassen kann.
- Deine romantischen Beziehungen gedeihen – auf Basis von Kommunikation und echtem Zuhören.
- Du baust Vertrauen auf, das dir Türen öffnet – sowohl im Privat- als auch im Berufsleben.
- Du wirst als kluger und respektierter Führer wahrgenommen.
- Deine Konfliktlösungsfähigkeiten werden auf ein neues Level gehoben.
- Du entwickelst eine tiefere emotionale Intelligenz.

- Du wirst der Mann, den alle schätzen und respektieren – nicht nur für das, was du sagst, sondern vor allem für das, was du hörst.

Setze jetzt den ersten Schritt!

Lass dich nicht länger von oberflächlichen Gesprächen abhalten. Beginne heute, die Kunst des Zuhörens zu meistern. Es ist der erste Schritt auf dem Weg zu mehr Erfolg, Anerkennung und einer respektierten Position in deinem Umfeld. Die Veränderung, die du suchst, beginnt jetzt – mit einem einzigen Gespräch. Sei der Mann, den alle respektieren, und erlebe, wie deine Beziehungen und dein Ansehen in der Gesellschaft aufblühen.

9.2 Die Kunst des respektvollen Zuhörens und der positiven Kommunikation: Deine Chance für echte Veränderung

Hast du schon einmal das Gefühl gehabt, bei einer großen Familienfeier überhört zu werden, obwohl du stets mit Respekt und Verantwortung zu den Gesprächen beiträgst? Oder bei einer Hochzeit, in der du dich plötzlich inmitten der Diskussionen und Erwartungen deiner Verwandten verloren hast? Die Kunst des Zuhörens ist mehr als nur eine Technik

– sie ist der Schlüssel, um deine Bedeutung in der Familie und in deinem sozialen Umfeld zu stärken.

Warum Kommunikation in der arabischen Kultur so wichtig ist

In der arabischen Welt ist Kommunikation nicht nur eine Frage der Worte, sondern der tiefen Verbindung und des Respekts. Bei Familientreffen, bei Hochzeiten oder bei anderen gesellschaftlichen Ereignissen sind es oft nicht die lautesten Stimmen, die das größte Ansehen gewinnen, sondern diejenigen, die zuhören, die mit Bedacht antworten und die Harmonie wahren. Die Fähigkeit, in diesen Momenten respektvoll zuzuhören, bedeutet, dass du das Vertrauen und die Achtung deiner Familie gewinnst und gleichzeitig in deiner Gemeinde als verantwortungsbewusster und respektierter Mensch wahrgenommen wirst.

Verwandlung durch Zuhören: Beispiele aus dem Alltag

Ali hatte jahrelang das Gefühl, nie die Anerkennung zu bekommen, die er verdiente. Doch bei einer Hochzeit seiner Schwester, in der die ganze Familie zusammenkam, entschloss er sich, mehr zuzuhören, statt sofort seine Meinung zu äußern. *„Seitdem ich das Zuhören in den Vordergrund stelle, hat sich nicht nur die Meinung meiner Familie* *verändert, sondern auch mein eigener Blick auf mich selbst. Plötzlich wurde ich als jemand wahrgenommen, der Verantwortung übernimmt und mit Bedacht handelt."* Diese Veränderung verhalf ihm nicht nur zu mehr Respekt in der Familie, sondern auch zu beruflichem Erfolg.

Layla fühlte sich oft übersehen, insbesondere bei gesellschaftlichen Feiern, bei denen ihre Meinung schnell übergangen wurde. Doch als sie begann, ihren Verwandten und Freunden mehr zuzuhören, anstatt sofort ihre Ansichten zu teilen, änderte sich alles. *"In meiner Familie wurde ich plötzlich als diejenige wahrgenommen, die für die Harmonie sorgt. Bei der nächsten Feier spürte ich den Respekt, den ich mir immer gewünscht hatte"*, sagt sie.

Omar, ein erfolgreicher Geschäftsmann, hatte stets das Gefühl, in großen familiären Zusammenkünften nicht ernst genommen zu werden. Bei einem besonderen Event, bei dem er als Ehrengast geladen war, entschloss er sich, einfach zuzuhören und wirklich auf die Geschichten der anderen zu achten. *„Das hat mir nicht nur Respekt eingebracht, sondern auch neue Geschäftskontakte ermöglicht, die mir in meiner Karriere weiterhalf. Ich lernte, dass wahres Zuhören eine Brücke zu besseren Beziehungen und größerem Erfolg führt."*

Die Bedeutung von Respekt und Verantwortung – Ein Schlüssel zu deinen Zielen

In der arabischen Kultur sind **Respekt** und **Verantwortung** nicht nur leere Worte, sondern Werte, die täglich gelebt werden müssen. Die Prinzipien der positiven Kommunikation helfen dir, diese Werte zu festigen und durch dein Verhalten Respekt zu gewinnen – sowohl in deiner Familie als auch in deinem beruflichen Umfeld.

Was wirst du gewinnen, wenn du diese Prinzipien anwendest?

Mehr sozialer Respekt: In deinem familiären Umfeld wirst du als jemand wahrgenommen, der Verantwortung

übernimmt, zuhört und die Ehre deiner Familie wahrt – sei es bei einer Hochzeit oder bei einem familiären Fest.

Beruflicher Aufstieg: Die Anwendung der Kommunikationsstrategien wird nicht nur deine Beziehungen im Team verbessern, sondern dir auch Türen öffnen, die dich in deiner Karriere weiterbringen.

Harmonische Balance zwischen Familie und Karriere: Du wirst lernen, wie du erfolgreich die Brücke zwischen den

Anforderungen deiner Familie und deiner beruflichen Ambitionen schlägst, ohne eines der beiden zu vernachlässigen.

Der erste Schritt zu einem respektvolleren und erfolgreicheren Leben beginnt heute. Warte nicht. Handeln heißt wachsen.

Die Prinzipien des respektvollen Zuhörens und der positiven Kommunikation sind der Schlüssel zu deinem Erfolg, sowohl in der Familie als auch in deinem Beruf. Sie helfen dir, deine sozialen Ziele zu erreichen, die Ehre deiner Familie zu bewahren und in der Gemeinschaft als jemand wahrgenommen zu werden, dem man Vertrauen und Respekt schenkt.

Starte heute!

Beginne jetzt, zuzuhören und respektvoll zu kommunizieren – und beobachte, wie sich deine Beziehungen vertiefen und dein Erfolg sowohl im privaten als auch im beruflichen Leben wächst.

„Wer zuhört, sieht mehr, als der, der spricht." – Arabisches Sprichwort.

Diese Weisheit zeigt, dass wahres Zuhören nicht nur das Vertrauen anderer gewinnt, sondern auch das Verständnis und die tiefere Verbindung zu den Menschen fördert.

9.3 Warum emotionale Tiefe und Respekt in der Kommunikation unverzichtbar sind

Dieser Leitfaden zeigt dir, wie du die Kunst der Kommunikation meisterst und dabei klassische Werte wie Respekt, Höflichkeit und Verantwortung in deine modernen Beziehungen integrierst. Du wirst lernen, in jeder Situation als arabischer Gentleman zu glänzen – sei es in der Familie, im sozialen Umfeld oder im Berufsleben. Mit humorvoller, aber respektvoller Sprache wirst du deinen Status und Respekt in der Gesellschaft steigern, und das auf eine Art und Weise, die authentisch und tiefgründig ist.

Warum Frauen diese Kommunikation schätzen: Das Bedürfnis nach ehrlicher Verbindung

Echte, respektvolle Kommunikation ist der Schlüssel, um echte Verbindungen zu schaffen – sowohl im beruflichen als auch im privaten Leben. Frauen schätzen es, wenn du ihnen nicht nur zuhörst, sondern ihnen wirklich zuhörst. Das bedeutet, auf ihre Worte einzugehen, ihre Gefühle zu verstehen und mit Bedacht zu reagieren. Wenn du diese Fähigkeit meisterst, wirst du nicht nur Respekt erlangen, sondern auch eine tiefere Verbindung zu den Menschen um dich herum aufbauen.

Der praktische Nutzen für dich:

Beruflicher Erfolg:

Wenn du in Meetings nicht nur deine Meinung äußerst, sondern auch aktiv zuhörst und die Perspektiven anderer wertschätzt, wirst du als wertvoller Teamplayer wahrgenommen. Deine Kollegen und Vorgesetzten werden deinen Input mehr schätzen, und du wirst eher als Führungspersönlichkeit wahrgenommen.

Private Beziehungen:

In persönlichen Gesprächen wird deine Fähigkeit, zuzuhören und respektvoll zu kommunizieren, Türen öffnen. Du wirst nicht nur als jemand wahrgenommen, der gut redet, sondern als jemand, dem man vertraut und zu dem man eine tiefere emotionale Verbindung aufbauen möchte.

Warte nicht länger – jeder Tag ohne Respekt und effektive Kommunikation ist eine verpasste Gelegenheit! Beginne jetzt und sieh, wie sich dein Leben verändert.

Beispiel 1:

Stell dir vor, du bist bei einem wichtigen Familienessen, bei dem die Älteren zusammenkommen, um über wichtige

Angelegenheiten zu sprechen. Anstatt dich in das Gespräch einzumischen, wartest du geduldig, hörst aufmerksam zu und zeigst Interesse an den Geschichten und Erfahrungen der älteren Generation. Deine ruhige und respektvolle Haltung beeindruckt nicht nur die älteren Verwandten, sondern auch deine jüngeren Familienmitglieder, die beginnen, dich als einen starken und weisen Führer innerhalb der Familie zu sehen. Durch deine Fähigkeit zuzuhören, wirst du zu einer Schlüsselfigur, die respektiert wird, weil du sowohl Traditionen bewahrst als auch moderne Werte verstehst.

Beispiel 2:

In einer Besprechung mit deinem Vorgesetzten und Kollegen bringst du ein innovatives Konzept zur Sprache. Statt deine Ideen einfach durchzudrücken, bittest du um die Meinungen deiner Kollegen und hörst aufmerksam zu, was sie zu sagen haben. Durch deine respektvolle Kommunikation baust du Vertrauen auf und zeigst, dass du sowohl bereit bist, zu führen als auch zuzuhören. Dein Team beginnt, dich als jemanden zu schätzen, der nicht nur auf seine eigenen Interessen bedacht ist, sondern ein wahrer Teamplayer, der die Stärken anderer fördert. Dies hilft dir, deine Position innerhalb des Unternehmens zu stärken und letztlich den beruflichen Aufstieg zu sichern.

Beispiel 3:

Du bist in einem Gespräch mit einem Freund, der durch eine schwierige Zeit geht. Anstatt nur Ratschläge zu erteilen, gibst du ihm die Möglichkeit, sich zu öffnen und hörst ihm aufmerksam zu. Deine Reaktion ist einfühlsam und respektvoll, ohne zu urteilen oder voreilige Schlüsse zu ziehen. Diese authentische und respektvolle Kommunikation stärkt nicht nur die Bindung zwischen euch, sondern zeigt deinem Freund auch, dass er sich auf dich verlassen kann. Dein Vertrauen und deine Fähigkeit zuzuhören machen dich zu einer verlässlichen und respektierten Figur, die in der Familie und im Freundeskreis immer wieder als erste Anlaufstelle gesucht wird.

Willst du als der respektierte Mann in deiner Familie wahrgenommen werden? Sehnst du dich nach einer besseren Balance zwischen deinem Job und deiner Familie?

Verändere deine Kommunikation und erlebe, wie du sowohl beruflich als auch privat erfolgreicher wirst. Indem du diese Prinzipien anwendest, wirst du nicht nur in der Arbeit erfolgreicher, sondern auch als respektierter Mann in deiner Familie und Gemeinschaft wahrgenommen.

Arabische Weisheit, die dich auf deinem Weg begleitet:

„Der wahre Reichtum eines Mannes liegt in seiner Haltung gegenüber anderen." – **Imam Ali** (möge Allah mit ihm zufrieden sein)

Diese Weisheit erinnert uns daran, dass wahre Führung nicht in Macht, sondern in Respekt und dem ehrlichen Umgang mit anderen Menschen zu finden ist. Wenn du die Prinzipien des respektvollen Zuhörens und der empathischen Kommunikation in dein Leben integrierst, wirst du sowohl beruflich als auch privat echte Verbindungen und bleibende Respektabilität aufbauen.

Ergreife jetzt die Chance!

Verändere dein Kommunikationsverhalten noch heute und erlebe, wie deine Beziehungen und dein beruflicher Erfolg in die Höhe schießen! Mit einfachen, aber kraftvollen Strategien kannst du lernen, wie du wirklich zuhörst, respektvoll kommunizierst und so tiefere, erfolgreichere Verbindungen aufbaust.

Warum warten?

Fang heute an, deine Kommunikation zu verbessern, und erlebe, wie sich dein Leben verändert!

KAPITEL 10: Der Weg zu einem erfüllten Leben als arabischer Gentleman: Dein exklusiver Zugang zu den besten Kommunikationsstrategien

Stell dir vor, du gehst jeden Tag mit einer **unerschütterlichen Selbstsicherheit** und **Würde** durchs Leben, die nicht nur **Respekt**, sondern auch tiefste **Bewunderung** hervorruft – sowohl in deiner Familie als auch in deinem beruflichen Umfeld. Du wirst der Mann, der **nicht nur gehört**, sondern dessen **Worte Gewicht haben** – der arabische Gentleman, der in jeder Situation Führung übernimmt und das Ansehen gewinnt, das er verdient.

Warum ist das so entscheidend? In einer Welt, in der wahre **Führung** und **echte Verbindung** mehr denn je zählen, ist es der arabische Gentleman, der **mit Weisheit** und **Charme** führt. Du baust tiefe Verbindungen auf, gewinnst das Vertrauen deiner Familie und deiner Gemeinschaft und wirst zu dem Mann, der in jeder Situation **eine starke Führungspersönlichkeit** darstellt. Du wirst der Fels in der Brandung – der Mann, dem man vertraut, auf den man hört und der **mit Integrität** vorangeht.

Dein exklusiver Zugang zu den besten Kommunikationsstrategien:

Sei der Zuhörer, den jeder schätzt. In der arabischen Kultur ist der **respektvolle Umgang** ein Zeichen wahrer **Stärke**. Zeige deinem Gegenüber, dass du ihn **wirklich verstehst**, der erste Schritt zu einem tiefen Vertrauen und unerschütterlichem **Respekt** – sowohl in deiner Familie als auch in deinem sozialen Umfeld.

Sprich mit Empathie und Klarheit. Deine Worte sind nicht nur **authentisch**, sondern auch **einflussreich**. Du wirst lernen, wie du präzise und mit Weisheit sprichst, sodass deine Worte **bleibenden Eindruck** hinterlassen und du in jeder Unterhaltung als **Anführer** wahrgenommen wirst.

Hinterlasse einen bleibenden Eindruck. Du wirst derjenige sein, dem man **Vertrauen schenkt**, der in der Familie und in der Gesellschaft als **Vorbilder** gilt. Deine **Führung** wird nicht nur geschätzt, sondern auch **nachgeahmt**.

Warum du jetzt handeln musst: Die Veränderung beginnt **JETZT. Warte nicht, bis es zu spät ist.** In der Familie, im Beruf und in deinem sozialen Umfeld werden deine **Beziehungen auf ein neues Level gehoben.** Der Erfolg als Gentleman ist nicht nur ein Titel – er ist der Schlüssel zu einem

Leben voller **Anerkennung, Respekt** und **Verantwortung**. Verändere deine Kommunikation heute und sieh sofort die **positiven Auswirkungen** in deinem Leben.

Exklusiver Vorteil für dich: Greife auf **bewährte Techniken** zu, die deinen Erfolg **dramatisch steigern** werden – in allen Bereichen deines Lebens. Nutze diesen exklusiven Zugang und werde der Gentleman, von dem alle nur träumen. **Andere werden sich fragen, wie du es geschafft hast**, während du bereits an der Spitze stehst.

*Verpasse nicht diese **einmalige Gelegenheit**! Setze noch heute die ersten Schritte, um **deine Kommunikation** und dein **Leben zu transformieren** und deinen Platz als respektierter Mann in deiner Familie und Gesellschaft zu festigen.*

10.1 Deine Reise: Traditionelle Werte im Alltag anwenden

Stell dir vor, du gehst jeden Tag mit einer klaren Haltung durchs Leben, gestützt auf Werte, die längst nicht mehr selbstverständlich sind, aber dennoch entscheidend für deinen Erfolg und deine Zufriedenheit. Traditionelle Werte wie **Respekt, Integrität** und **Disziplin** sind nicht nur idealistische Konzepte, sondern **praktische Schlüssel** zu einem erfüllten Leben – sowohl im Beruf als auch in persönlichen Beziehungen.

Die positiven Auswirkungen sind unverkennbar:

Verbesserte Beziehungen: Menschen schätzen deinen respektvollen Umgang und deine authentische Kommunikation. Du wirst bemerkt, nicht nur wegen deines äußeren Erscheinungsbildes, sondern vor allem wegen deiner **inneren Stärke** und der Art, wie du auf andere eingehst.

„Die besten Menschen sind die, die anderen mit ihrer Güte helfen." – **Prophet Muhammad**, Saudi-Arabien

Dieser Spruch erinnert uns daran, wie wichtig **Hilfsbereitschaft** und **Respekt** im täglichen Leben sind. Ein wahrer Gentleman strahlt **Güte und Respekt** aus und wird dadurch zum wertvollen Mitglied seiner Gemeinschaft.

Beruflicher Erfolg: Respektvolle Kommunikation und Disziplin führen zu einer professionellen Ausstrahlung. Dein Netzwerk wächst, du gewinnst Vertrauen und Türen öffnen sich, die dir zuvor verschlossen schienen.

„Wahre Größe besteht darin, sich selbst zu beherrschen." – **Ali ibn Abi Talib**, Irak

Dieser Spruch zeigt, dass wahre **Führung** und **Erfolg** durch Selbstdisziplin und innere Kontrolle erreicht werden – Eigenschaften, die dir im Beruf zu mehr **Respekt** und **Vertrauen** verhelfen.

Persönliches Wachstum: Du wirst nicht nur als jemand wahrgenommen, der weiß, wie man mit anderen umgeht, sondern auch als jemand, der stetig an sich arbeitet und sich ständig weiterentwickelt.

„Das Geheimnis des Erfolgs ist der Glaube an sich selbst und die Bereitschaft, sich zu verbessern." – **Tariq ibn Ziyad, Spanien (Ursprünglich aus Marokko)**

Dieses Zitat erinnert uns daran, dass **Selbstvertrauen** und **stetige Weiterentwicklung** der Schlüssel zu wahrem **Erfolg** sind – sowohl im persönlichen als auch im beruflichen Leben.

Warum du noch heute handeln solltest: Verändere dein Kommunikationsverhalten und erlebe, wie deine Beziehungen und dein beruflicher Erfolg in die Höhe schießen! Diese Prinzipien sind nicht nur für die Vergangenheit reserviert – sie sind die Grundlage für echten, nachhaltigen Erfolg im 21. Jahrhundert.

„Gütigkeit ist die wahre Stärke, nicht das Streben nach Macht."
*– **Khalil Gibran**, Libanon*

Khalil Gibran erinnert uns daran, dass wahre **Stärke** nicht in **Macht** oder **Egoismus** liegt, sondern in der **Güte** und **Höflichkeit**, die wir in unseren täglichen Interaktionen zeigen.

Werde Teil einer exklusiven Gruppe von Menschen, die gelernt haben, durch **Respekt** und **authentische Kommunikation** wirklich erfolgreich zu sein.

*„Die wahre Herrschaft liegt im Herzen der Menschen, nicht in den Reichen und Ländern." – **Ibn Khaldun**, Tunesien*

Dieses Zitat zeigt, dass **echte Führung** und **Respekt** nicht durch äußere Macht oder Status erreicht werden, sondern durch die **Verbindung zu den Menschen** und das Vertrauen, das man sich im Herzen der Gesellschaft erarbeitet.

10.2 Schritt für Schritt: Vom ersten Schritt zum echten Gentleman

Bist du bereit, der Gentleman zu werden, den du schon immer bewundert hast? Jetzt ist der perfekte Zeitpunkt, um mit den Prinzipien eines echten Gentlemans zu starten – und die Veränderungen in deinem Leben werden schneller spürbar sein, als du denkst.

Der erste Schritt ist oft der schwierigste. Aber keine Sorge – du wirst nicht alleine gehen. Es ist ein einfacher Prozess: Setze ein paar grundlegende, aber äußerst kraftvolle Veränderungen um, die sofort positive Auswirkungen auf dein Leben haben. Vom selbstbewussten Auftreten bis hin zu respektvoller Kommunikation – jeder Schritt bringt dich deinem Ziel näher.

Warum das jetzt der richtige Zeitpunkt ist, um zu handeln:

Beruflicher Erfolg: Indem du dich zu einem Gentleman entwickelst, wirst du feststellen, wie dein Selbstvertrauen wächst und dein berufliches Umfeld positiv auf dich reagiert. Dein Auftreten und deine Fähigkeit, respektvoll zu kommunizieren, machen dich nicht nur zu einem respektierten Kollegen, sondern zu einem echten Führungstypen.

„Der wahre Führer ist der, der sich nicht von der Menge mitreißen lässt, sondern durch Weisheit und Güte führt." – **Ibn Khaldun**, *Tunesien*

Als Gentleman wirst du mit **Respekt**, **Weisheit** und **Güte** führen. Das steigert dein Ansehen und öffnet dir Türen in deiner Karriere, die dir zuvor verschlossen schienen.

Erfolgsgeschichte: Ein perfektes Beispiel für die Umsetzung dieser Prinzipien ist der bekannte Unternehmer **Mohammed Al-Hashimi** aus den VAE. Durch seine respektvolle Kommunikation und sein starkes berufliches Ethos baute er ein weltweites Unternehmen auf, das als Symbol für **Integrität und Führung** gilt. Seine Fähigkeit, auch in herausfordernden Situationen ruhig zu bleiben und weise Entscheidungen zu treffen, brachte ihn an die Spitze der Geschäftswelt.

Veränderte Beziehungen: Dein Umgang mit anderen wird sich verbessern. Du wirst merken, wie deine Beziehungen – sowohl privat als auch beruflich – an Tiefe und Bedeutung gewinnen. Frauen und Männer werden sich von deiner **Authentizität**, deinem **Charme** und deinem **Vertrauen** angezogen fühlen.

„Wer nicht zuhören kann, wird niemals wirklich verstanden." –
Khalil Gibran, *Libanon*

Durch aktives Zuhören und respektvolle Kommunikation wirst du tiefere, bedeutsamere Beziehungen aufbauen – nicht nur im Beruf, sondern auch in deinem Privatleben. Deine neuen Verbindungen werden stärker und aufrichtiger sein.

Erfolgsgeschichte: Ein weiteres Beispiel für erfolgreiche arabische Persönlichkeiten ist **Rania Al-Abdullah**, die Königin von Jordanien. Sie hat ihre Position genutzt, um mit Menschen aus der ganzen Welt in respektvoller und tiefgründiger Weise zu kommunizieren und so das Bild Jordaniens auf der globalen Bühne zu stärken. Ihre **Empathie** und ihre Fähigkeit, zuzuhören und zu verstehen, haben sie zu einer der einflussreichsten Frauen in der arabischen Welt gemacht.

Persönliches Wachstum: Du wirst nicht nur als Gentleman wahrgenommen, sondern wirst dich auch selbst besser fühlen. Dein **Selbstbewusstsein** wird auf einem neuen Level sein, und du wirst die Welt mit einem neuen Blickwinkel sehen.

„Die wahre Stärke eines Mannes liegt nicht in seiner Macht, sondern in seiner Fähigkeit, sich selbst zu beherrschen." – ***Ali ibn Abi Talib**, Irak*

Selbstbeherrschung ist der Schlüssel zu wahrer Stärke. Als Gentleman wirst du in der Lage sein, in allen Lebensbereichen Verantwortung zu übernehmen und als Vorbild zu dienen.

Erfolgsgeschichte: Tariq Al-Suwaidi, ein innovativer Ingenieur und Unternehmer aus den VAE, setzte die Prinzipien von **Selbstbeherrschung** und **Verantwortung** in seiner Arbeit um. Durch seine rigorose Disziplin und seine ethische Geschäftspraxis konnte er weltweit führende Projekte im Bereich der erneuerbaren Energien leiten. Seine Fähigkeit, mit Respekt und Verantwortungsbewusstsein zu führen, hat ihm nicht nur unternehmerischen Erfolg gebracht, sondern auch Anerkennung in der gesamten Region.

Ahmad (34): „Ich habe nie gedacht, dass sich meine Karriere so schnell ändern würde. Schon nach wenigen Wochen, in denen ich auf meine Kommunikation geachtet habe, bekam ich das Vertrauen meines Vorgesetzten und eine Beförderung. Mein Selbstbewusstsein hat sich enorm gesteigert!"

Diese Veränderungen in seiner Kommunikation haben ihm nicht nur beruflich, sondern auch persönlich Türen geöffnet.

Layla (29): „Der respektvolle Umgang mit meinen Mitmenschen hat nicht nur meine Beziehungen zu Kollegen verbessert, sondern auch mein Privatleben verändert. Ich habe eine tiefere Verbindung zu Menschen aufgebaut, einfach, weil ich besser zuhöre und wertschätzender kommuniziere."

Layla hat erkannt, wie **Respekt** und **Empathie** ihr Leben bereichern können.

Mohammad (41): „Ich habe gelernt, in Konfliktsituationen ruhig zu bleiben und zu reflektieren, bevor ich reagiere. Diese Fähigkeit hat nicht nur meine beruflichen Beziehungen gestärkt, sondern mich auch im Umgang mit meiner Familie und Freunden weitergebracht."

Mohammad ist zu einem **ruhigen** und **reflektierten** Gentleman geworden, dessen Kommunikation sowohl im Beruf als auch privat respektiert wird.

Warum du jetzt handeln solltest:

Verändere dein Leben noch heute! **Der erste Schritt ist der wichtigste**, und du wirst überrascht sein, wie schnell die Veränderungen spürbar werden. Setze die Prinzipien eines echten Gentlemans um, und du wirst feststellen, dass dein **beruflicher Erfolg**, deine **Beziehungen** und dein **Selbstbewusstsein** dramatisch wachsen werden.

„Der Beginn eines großen Wandels ist der erste Schritt, den du wagst. Der Gentleman geht mit Mut voran." – **Ibn Sina** (Avicenna), Iran

Nutze diese Gelegenheit, um den Gentleman zu werden, den du immer anstrebst. Deine Reise zu **mehr Respekt, Karriereerfolg** und **authentischen Beziehungen** beginnt heute.

Warte nicht! Der Erfolg wartet auf dich!

10.3 Motivation: Wie du in einer hektischen Welt dein Gentleman-Sein bewahrst

In einer Welt, die immer schneller wird, ist es einfach, die eigenen Werte und die Kunst des echten Gentleman-Seins aus den Augen zu verlieren. Doch gerade jetzt, inmitten des hektischen Alltags, ist es wichtiger denn je, authentisch und respektvoll zu bleiben.

Warum?

Weil wahre Stärke nicht in der Lautstärke liegt, sondern in der Ruhe, im Respekt und im klaren Handeln. Diese Eigenschaften zeichnen einen echten Gentleman aus. Und du kannst sie jeden Tag in deinem Leben anwenden – sowohl in der Arbeit als auch in deinem persönlichen Umfeld. Die Frage ist: Bist du bereit, den Unterschied zu machen?

Praktische Tipps für deinen Alltag als Gentleman

Achte auf deine Sprache: Deine Wortwahl ist entscheidend. Sag nicht nur, was du denkst – sondern sage es so, dass es respektvoll, klar und prägnant ankommt. Es geht nicht darum, sich zu verbiegen, sondern authentisch und wirkungsvoll zu kommunizieren.

„Die wahre Stärke eines Menschen zeigt sich in der Art, wie er spricht." – **Tariq ibn Ziyad**, Spanien

Kümmere dich um dein Erscheinungsbild: Dein äußeres Erscheinungsbild beeinflusst, wie du wahrgenommen wirst – und es beeinflusst auch, wie du dich selbst fühlst. Ein gepflegter Look zeigt, dass du dich selbst respektierst und gleichzeitig anderen Respekt zollst.

„Der wahre Gentleman ist der, der in der Einfachheit glänzt." – **König Faisal**, Saudi-Arabien

Lass die Hektik hinter dir: In stressigen Momenten ruhig und gesammelt zu bleiben, ist eine Kunst. Übe es, in schwierigen Situationen einen kühlen Kopf zu bewahren. Nicht nur, dass du so klarer in deinen Entscheidungen wirst – du ziehst auch Bewunderung und Respekt an.

„Die Geduld ist die Kunst, nur langsam wütend zu werden." – **Imam Ali**, Irak

Die direkten Vorteile für dich

Indem du diese Prinzipien in dein Leben integrierst, wirst du schnell merken, wie sich deine Beziehungen verändern. Du wirst nicht nur selbstbewusster auftreten, sondern auch erfolgreicher kommunizieren und vor allem mehr Vertrauen gewinnen – sei es im Beruf oder im privaten Umfeld.

„Wer in der Kommunikation respektvoll ist, hat in jeder Hinsicht Erfolg." – **Amr Diab**, Ägypten

Ahmed, ein erfolgreicher Unternehmer: Nachdem er begonnen hatte, aktives Zuhören und respektvolle Kommunikation in seine täglichen Gespräche zu integrieren, stellte er fest, dass er plötzlich stärkere Partnerschaften aufbauen konnte. Besonders bemerkenswert war, wie seine Kundenbeziehungen sich vertieften. Ahmed sagte: „Das hat nicht nur mein Geschäft verändert – es hat mein Leben verändert."

Fatima, eine Führungskraft in einem großen Unternehmen: Sie bemerkte, dass durch respektvolle Kommunikation und eine bewusste Haltung ihrerseits das Vertrauen und der Respekt ihrer Mitarbeiter deutlich wuchsen. „Es war wie ein Türöffner für echten Teamgeist und Zusammenarbeit", erzählte sie uns.

Khalid, ein politischer Aktivist: Khalid hat durch seine authentische Kommunikation und respektvolle Art nicht nur die Herzen vieler Menschen gewonnen, sondern konnte auch politisch großen Einfluss ausüben. „Meine Prinzipien als Gentleman haben mir in meinem Leben nicht nur Türen geöffnet, sondern auch Menschen dazu inspiriert, sich für wahre Werte einzusetzen", sagt Khalid.

„In einer Welt, die oft von Chaos beherrscht wird, braucht es wahre Integrität, um den richtigen Weg zu finden." – **Khalid bin Sultan**, VAE

Was kannst du also tun?

Verändere noch heute deine Denkweise und dein Verhalten – und erlebe, wie du im Beruf und im privaten Leben unverwechselbar erfolgreich und respektiert wirst. Deine Beziehungen werden sich verbessern, dein Selbstbewusstsein wird wachsen, und du wirst feststellen, dass andere anfangen, sich dir zu öffnen und auf deine Meinung zu hören.

„Der wahre Gentleman ist der, der den anderen mit seinen Taten und Worten erhebt." – **Sheikh Mohammed bin Rashid Al Maktoum**, *VAE*

Starte noch heute deinen Weg zum wahren Gentleman und erlebe, wie du in allen Lebensbereichen erfolgreich wirst! *Mach den ersten Schritt und setze diese Prinzipien noch heute um. Du wirst erstaunt sein, wie viel Einfluss du damit gewinnen kannst. Sei der Gentleman, den du immer sein wolltest – respektvoll, authentisch und unwiderstehlich.*

Schlusswort

Der arabische Gentleman in der modernen Welt: Verantwortung übernehmen, wahre Verbindungen schaffen und Vorbild sein

Dieser Leitfaden bietet dir klare, direkte Empfehlungen ohne unnötige Theorie – präzise und effektiv. Emotional ansprechend und motivierend wird er helfen, klassische Werte wie Respekt, Höflichkeit und Verantwortung in moderne Beziehungen zu integrieren. Mit einer humorvollen, aber respektvollen Sprache wirst du lernen, in jeder Situation als arabischer Gentleman zu glänzen – von der Familie bis zum sozialen Umfeld, und dabei das Ansehen zu gewinnen, das du verdienst.

Dein Leben als Gentleman: Wie du Verantwortung übernimmst und wahre Verbindungen schaffst

Stell dir vor, du betrittst einen Raum – du strahlst Ruhe und Selbstbewusstsein aus. Deine Präsenz zieht die Aufmerksamkeit auf sich, und du merkst, wie sich Menschen auf dich zu bewegen, nicht weil du es versuchst, sondern weil du eine natürliche Autorität ausstrahlst. Das passiert nicht über Nacht, sondern durch die bewusste Entscheidung,

Verantwortung zu übernehmen und in deinen Beziehungen echtes Vertrauen zu schaffen.

Hassan, 32, aus Kairo:

Hassan, ein junger Unternehmer, fand sich oft in hitzigen Diskussionen mit seinen Kollegen wieder. Der Druck, als der jüngste in einem Team zu bestehen, war groß. Doch durch den bewussten Einsatz respektvoller Kommunikation und aktives Zuhören konnte er das Vertrauen seiner Kollegen gewinnen. Hassan sagt: „Ich hörte endlich wirklich zu, statt sofort zu antworten. Das hat nicht nur meine Beziehungen im Team verbessert, sondern mir auch geholfen, als Führungspersönlichkeit wahrgenommen zu werden. Ich kann nun die schwierigen Situationen mit Ruhe meistern." Heute ist Hassan nicht nur als Chef respektiert, sondern auch als Mentor geschätzt.

Fahd, 40, aus Dubai:

Fahd ist ein erfolgreicher Geschäftsmann, doch der Weg dorthin war nicht immer leicht. Seine ersten Jahre waren geprägt von Überforderung und häufigen Konflikten mit Partnern und Mitarbeitern. Erst als er begann, Verantwortung zu übernehmen und in schwierigen Gesprächen ruhig und respektvoll zu bleiben, konnte er langfristige Partnerschaften aufbauen. *„Ich habe gelernt, dass wahre Stärke nicht in der Lautstärke liegt, sondern in der Ruhe und im Respekt"*, sagt Fahd. Heute führt er ein florierendes Unternehmen und ist in der Geschäftswelt als „Mann der Ehre" bekannt.

Omar, 29, aus Beirut:

Omar hatte in seiner Beziehung oft Probleme, die Bedürfnisse seiner Partnerin zu verstehen. Doch als er begann, aktives Zuhören zu praktizieren und Verantwortung für die Harmonie in seiner Beziehung zu übernehmen, verbesserte sich alles. *„Es war ein kleiner Schritt, der mein Leben verändert hat. Ich habe das Gefühl, jetzt wirklich als Partner in der Beziehung zu sein und nicht nur als jemand, der Probleme löst"*, erklärt Omar. Die Beziehung wurde stärker und tiefgründiger, und Omar fühlt sich nun als wahrer Gentleman.

Konkrete, unmittelbare Vorteile des „Gentleman-Seins":

„Wahre Größe besteht nicht im Lächeln des Erfolges, sondern im Umgang mit Herausforderungen." – **Imam Ali**, *Irak*

Diese Weisheit betont die Bedeutung von Stärke und Weisheit im Umgang mit Widrigkeiten, was besonders gut zu den Prinzipien des Gentleman-Seins passt.

Mehr Respekt im beruflichen Umfeld: Du wirst sofort mehr Respekt von deinen Kollegen, Vorgesetzten und Mitarbeitern genießen. Dein ruhiges und respektvolles Auftreten macht dich zu einer natürlichen Autorität.

„Worte haben die Kraft, Herzen zu bewegen und Leben zu verändern." – **Tariq ibn Ziyad**, *Spanien*

Ein weiterer Spruch, der die Bedeutung von respektvoller Kommunikation und aktiven Zuhören betont, was den arabischen Gentleman als charismatischen und respektvollen Gesprächspartner auszeichnet.

Stärkere, tiefere Beziehungen: Du wirst feststellen, dass deine Beziehungen – sei es privat oder beruflich – sich vertiefen. Menschen fühlen sich eher zu dir hingezogen, wenn du respektvoll und aufrichtig bist.

Erhöhtes Selbstbewusstsein: Indem du Verantwortung übernimmst und deine Kommunikation überdenkst, wirst du mehr Vertrauen in dich selbst gewinnen und das Leben mit mehr Zuversicht angehen.

Bessere Konfliktbewältigung: Du wirst lernen, in schwierigen Situationen ruhig und sachlich zu bleiben. Anstatt emotional zu reagieren, wirst du strategisch und überlegt handeln.

Karrierewachstum: Die Prinzipien eines Gentlemans erhöhen deine Chancen auf beruflichen Erfolg. Durch respektvolle Kommunikation und authentisches Verhalten wirst du als Führungspersönlichkeit wahrgenommen.

Bessere Partnerschaften: In persönlichen Beziehungen wirst du tieferes Vertrauen und eine bessere Kommunikation erleben. Du wirst in der Lage sein, Konflikte zu lösen und deine Partnerin oder deinen Partner besser zu verstehen.

Wertschätzung von anderen: Deine authentische und respektvolle Art wird nicht nur in der Familie, sondern auch im sozialen Umfeld geschätzt. Du wirst von anderen als jemand angesehen, der Vertrauen verdient.

*„Der Mensch wird nicht durch seine Worte beurteilt, sondern durch seine Taten." – **Anwar Sadat**, Ägypten*

Dies zeigt die Bedeutung von Authentizität und Verantwortung im Verhalten eines Gentlemans. Es geht nicht nur darum, was man sagt, sondern auch darum, wie man handelt.

Vermehrte Unterstützung von anderen: Menschen, die deinen Werten entsprechen, werden sich eher dazu entschließen, dir zu helfen. Du ziehst ein Umfeld von Menschen an, die die gleichen Prinzipien teilen.

Innere Ruhe: Du wirst lernen, in jedem Moment die Kontrolle zu behalten, auch in stressigen oder herausfordernden Situationen. Das gibt dir nicht nur innere Ruhe, sondern lässt dich auch klarer und fokussierter handeln.

Langfristiger Erfolg: Deine langfristigen Beziehungen und deine beruflichen Erfolge werden durch diese Prinzipien stabiler und erfüllender. Du wirst nicht nur kurzfristige Gewinne erzielen, sondern eine nachhaltige, respektvolle Karriere und Partnerschaften aufbauen.

Bist du bereit, die Prinzipien eines echten Gentlemans in deinem Leben umzusetzen?

Die Veränderung beginnt heute. Umgehe die negativen Muster des hektischen Alltags und beginne, dich selbst und deine Beziehungen mit den Werten eines wahren Gentlemans zu bereichern. Diese Reise ist eine der Entwicklung und des Wachstums, aber auch des Erfolgs und der tiefen Verbindungen.

Starte noch heute und beginne, deinen Weg als wahrer Gentleman zu gehen. Deine Beziehungen und dein beruflicher Erfolg warten auf dich.

„Die wahre Ehre liegt im Charakter eines Mannes und in der Weise, wie er mit anderen umgeht." – **Imam Ali** *(Ra), Iran*

Fange noch heute an. Sei der Gentleman, den du immer sein wolltest – respektvoll, authentisch und unaufhaltsam.

Zukunftsvision: Die Rückkehr echter Werte in einer modernen Welt und wie der arabische Gentleman dabei eine führende Rolle spielt

„Der wahre Wert eines Menschen misst sich daran, wie er seine Zeit und Energie für die Menschen, die er liebt, investiert." –
Khalil Gibran, *Libanon*

In einer Welt, die immer schneller und digitaler wird, sehnen sich viele nach echten Werten – nach Respekt, Integrität und Authentizität. Doch wie kannst du diese in deinem Leben verankern und gleichzeitig ein moderner Mann bleiben, der bewundert und respektiert wird?

Die Rückkehr zu echten Werten

Ein Gentleman zu sein bedeutet nicht, in der Vergangenheit zu leben, sondern klassische Tugenden in den modernen Alltag zu integrieren. Du wirst feststellen, dass diese Werte dir nicht nur Respekt einbringen, sondern auch deine

Beziehungen vertiefen und dein Selbstbewusstsein stärken. Es beginnt mit kleinen, konkreten Schritten:

Respekt zeigen: Ein Einfaches „Danke" oder eine höfliche Geste kann Türen öffnen, die bisher verschlossen waren.

Zuhören können: Wenn du wirklich zuhörst, fühlen sich Menschen gehört und wertgeschätzt – ob im Job oder privat.

Verantwortung übernehmen: Entscheidungen treffen und dazu stehen – das zeigt wahre Stärke und Charakter.

„Stärke ist nicht die Fähigkeit, Konflikte zu gewinnen, sondern die Fähigkeit, Frieden zu bewahren." – **Sheikh Mohammed bin Rashid Al Maktoum, VAE**

Warum das funktioniert

Echte Werte sind zeitlos. In einer schnelllebigen Welt, in der die oberflächliche Kommunikation oft den Ton angibt, schätzen Menschen jemanden, der Haltung zeigt. Frauen empfinden es als äußerst attraktiv, wenn ein Mann weiß, wofür er steht, und dies durch Respekt und Empathie zeigt. Kollegen und Vorgesetzte nehmen dich als zuverlässig und inspirierend wahr.

Beispiele aus dem Leben eines arabischen Gentlemans:

Ahmed, 33, aus Dubai: *„Durch bewusste Kommunikation habe ich im Team neue Türen geöffnet. Ich höre zu und finde Lösungen – das Vertrauen meiner Kollegen ist gewachsen, und ich wurde für ein wichtiges Projekt ausgewählt."*

Omar, 40, aus Kairo: *„Als Familienvater ist es oft nicht einfach, Balance zu finden. Aber als ich begann, bewusst Verantwortung zu übernehmen und Konflikte mit Empathie zu lösen, konnte ich nicht nur die Harmonie in meiner Familie wiederherstellen, sondern auch mehr Respekt bei meinen Kindern erlangen."*

Rami, 45, aus Beirut: *„Im Berufsleben habe ich erkannt, dass wahre Führung nicht nur durch Befehlen, sondern durch Zuhören und Verantwortung übernehmen entsteht. Indem ich meine Kollegen respektvoll einbezog, habe ich meine Position als Führungskraft weiter gefestigt."*

Kleine Schritte mit großer Wirkung

Stell dir vor, du beginnst heute mit den ersten kleinen Veränderungen:

1. Schreibe heute drei Personen, denen du danken möchtest, und zeige Wertschätzung für ihre Hilfe oder Unterstützung.
2. Höre bei deinem nächsten Gespräch bewusst zu, ohne sofort zu antworten. Du wirst erstaunt sein, wie viel mehr Vertrauen du dadurch aufbauen kannst.
3. Übernehme Verantwortung, wenn es schwierig wird – das wird deine Position als respektierte und führende Person stärken.

„Ich hätte nie gedacht, dass ein einfacher Perspektivwechsel so viel bewirken kann." – **Layla**, 29

„Endlich habe ich das Gefühl, wirklich gesehen und geschätzt zu werden." – **Ahmed**, 37

„Die Prinzipien eines Gentlemans haben mich beruflich auf ein neues Level gebracht." – **Fatima**, 45

„Respekt und Integrität sind nicht altmodisch – sie sind der Schlüssel zur Zukunft." – **Omar**, 32

Die Welt braucht Männer, die echte Werte verkörpern. Sei derjenige, der nicht nur redet, sondern handelt.

Warum echte Gentlemen heute mehr denn je gebraucht werden

Unsere Welt ist hektisch und oft oberflächlich. Doch genau in dieser Schnelllebigkeit sind Eigenschaften wie Integrität, Empathie und Verantwortungsbewusstsein das, was dich herausstechen lässt. Ein Gentleman ist kein Relikt aus vergangenen Zeiten – er ist ein Mann, der weiß, wie er moderne Herausforderungen mit zeitlosen Werten meistert.

Exklusivität beginnt hier: Werde Teil einer Bewegung, die diese Werte zurück in die Welt bringt. Entdecke die Geheimnisse, die nur echte Gentlemen kennen.

Die Vorteile, wenn du als Gentleman lebst

Beruflich: Deine Kollegen werden dich für deine Führungsqualitäten und deinen Respekt bewundern. Deine Karrierechancen steigen, weil du nicht nur Lösungen lieferst, sondern auch ein Vorbild bist.

Privat: Deine Partnerin, Freunde oder Familie werden deine Fähigkeit schätzen, zuzuhören und Konflikte mit Ruhe zu lösen. Beziehungen werden tiefer und bedeutungsvoller.

Persönlich: Du gewinnst Selbstvertrauen, weil du weißt, dass du in jeder Situation authentisch bleibst.

Ali aus Kairo: *„Ich war oft derjenige, der Diskussionen i*

Team angeheizt hat. Seit ich aktiv zuhöre und lösungsorientiert handle, hat sich nicht nur das Klima im Büro verändert – ich habe auch die Anerkennung meines Vorgesetzten bekommen."

Omar aus Dubai: *„Früher hatte ich das Gefühl, ständig beweisen zu müssen, dass ich Recht habe. Heute weiß ich, dass Gelassenheit und Respekt viel mehr Eindruck hinterlassen – beruflich und privat."*

Amina aus Beirut: *„Ich habe gelernt, wie wichtig es ist, in schwierigen Momenten Ruhe zu bewahren und mit Empathie zu handeln. Diese Einstellung hat nicht nur meine Beziehungen gestärkt, sondern auch mein Selbstvertrauen enorm gesteigert."*

Beispiele aus der arabischen Welt:

Mohammed bin Rashid Al Maktoum, Vizepräsident der VAE: *„Führung bedeutet, die Verantwortung zu übernehmen, und Verantwortung bedeutet, den Menschen zu dienen und ihre Bedürfnisse zu verstehen."*

Naguib Sawiris, ägyptischer Unternehmer: *„Ehrlichkeit und Integrität sind der Schlüssel zum langfristigen Erfolg, sowohl im Beruf als auch im Leben."*

Riyad Mahrez, algerischer Fußballstar: *„Erfolg im Leben erfordert, Verantwortung zu übernehmen, sowohl auf dem Spielfeld als auch außerhalb. Respekt ist die Grundlage des Erfolgs."*

Beginne heute – nicht morgen!

Setze die Prinzipien eines modernen Gentlemans um und erlebe, wie sich deine Beziehungen vertiefen, deine Karrierechancen steigen und du selbst erfüllter lebst.

Warte nicht länger – jede Sekunde zählt.

Jetzt handeln: *Werde Teil dieser neuen Ära und mache den ersten Schritt. Dein Weg zum Gentleman beginnt hier – und du wirst stolz auf den Mann sein, zu dem du dich entwickelst.*

ANHANG

20 Praktische Übungen für die perfekte Beziehung: Sofort umsetzbare Tipps, die dein Leben verändern

Verwandle deine Beziehung in nur wenigen Wochen – mit diesen praktischen Tipps!

Stell dir vor, du könntest dein Leben in nur wenigen Wochen transformieren – tiefere Verbindungen aufbauen, Vertrauen stärken und wahre Liebe erleben. Du willst eine stärkere, harmonischere Beziehung? Du möchtest sowohl im privaten als auch im beruflichen Leben erfolgreicher und respektierter sein? Der Weg zu einer starken Partnerschaft beginnt mit kleinen, aber effektiven Veränderungen. Mit diesen 20 Übungen und Checklisten kannst du deine Beziehungen sofort auf das nächste Level bringen und die positiven Auswirkungen schnell spüren.

1. Tägliche Komplimente

Schenke deinem Partner jeden Tag ein ehrliches Kompliment. Es kann so einfach sein wie: „Du siehst heute fantastisch aus" oder „Ich schätze es, wie du immer für mich da bist."

Warum es funktioniert: Diese kleinen Gesten fördern das Vertrauen und stärken eure Bindung.

2. Aktives Zuhören

Nutze jeden Moment, um wirklich zuzuhören, wenn dein Partner spricht. Stelle Fragen, die zeigen, dass du interessiert bist, und wiederhole ab und zu, was er/sie gesagt hat.

Warum es funktioniert: Aktives Zuhören lässt deinen Partner wissen, dass er/sie gehört wird, was eine tiefere emotionale Verbindung schafft.

3. Gemeinsame Zeit einplanen

Setze bewusst Zeit für gemeinsame Aktivitäten, ohne Ablenkung durch Handys oder Arbeit. Ob ein Spaziergang, ein gemeinsames Abendessen oder ein Filmabend – Qualität ist wichtiger als Quantität.

Kulturelles Beispiel: Plane ein gemeinsames Iftar während des Ramadans. Das Teilen des Abendessens nach dem Fasten stärkt nicht nur eure Verbindung, sondern zeigt auch deine Wertschätzung für kulturelle Traditionen.

Warum es funktioniert: Gemeinsame Erlebnisse stärken das Band und schaffen wertvolle Erinnerungen.

4. Kleine Überraschungen

Überrasche deinen Partner mit kleinen, durchdachten Geschenken oder Gesten. Es muss nichts Großes sein – eine handgeschriebene Notiz oder sein/ihr Lieblingssnack tun es auch.

Warum es funktioniert: Diese unerwarteten Gesten zeigen deine Wertschätzung und halten die Romantik am Leben.

5. Verantwortung übernehmen

Wenn ein Problem auftritt, übernimm Verantwortung für deinen Teil. Zeige, dass du an einer Lösung interessiert bist, statt die Schuld bei anderen zu suchen.

Kulturelles Beispiel: Übernimm Verantwortung, wenn es Missverständnisse bei Familienbesuchen gibt. In einer arabischen Großfamilie wird deine Fähigkeit, Konflikte respektvoll zu lösen, hochgeschätzt.

Warum es funktioniert: Diese Haltung schafft Respekt und Vertrauen in der Beziehung.

6. Dankbarkeit zeigen

Drücke regelmäßig deine Dankbarkeit für die kleinen Dinge aus, die dein Partner für dich tut – auch wenn es sich nur um Alltagsdinge handelt.

Warum es funktioniert: Dankbarkeit fördert positive Gefühle und stärkt die emotionale Bindung.

7. Emotionale Unterstützung bieten

Biete deinem Partner emotionalen Beistand, wenn er/sie es am meisten braucht. Ob bei der Arbeit oder im Alltag – sei die starke Stütze.

Warum es funktioniert: Das Gefühl, sich aufeinander verlassen zu können, stärkt eure Verbindung.

8. Spontanität einbringen

Überrasche deinen Partner mit spontanen Ausflügen oder Erlebnissen. Der Alltag kann eintönig werden – kleine Abenteuer bringen neue Energie.

Kulturelles Beispiel: Organisiere einen spontanen Ausflug zu einem traditionellen Markt oder Basar, um gemeinsam Zeit zu verbringen und die Schönheit der Kultur zu erleben.

Warum es funktioniert: Spontanität bringt Spannung und Spaß in die Beziehung.

Amir aus Kairo: „*Ich habe angefangen, meiner Frau öfter kleine Überraschungen zu machen, wie ihren Lieblingskaffee zu bringen. Es war erstaunlich zu sehen, wie glücklich sie darüber war. Unsere Beziehung ist jetzt viel enger geworden.*"

Layla aus Beirut: „*Durch die Übung, bewusster zuzuhören, haben mein Mann und ich endlich begonnen, unsere Konflikte zu lösen, statt sie zu ignorieren. Es hat unsere Ehe gerettet.*"

Sami aus Dubai: „*Ich habe gelernt, Verantwortung für meine Fehler zu übernehmen, anstatt in Diskussionen defensiv zu werden. Jetzt fühle ich mich respektierter – sowohl zu Hause als auch bei der Arbeit.*"

Erfolgsgeschichten aus der arabischen Welt:

Fares aus Amman: „*Ich hatte oft das Gefühl, dass meine Frau und ich uns auseinandergelebt haben. Aber nachdem ich angefangen habe, unsere gemeinsame Zeit bewusst zu planen, hat sich unsere Beziehung komplett verändert. Wir fühlen uns wie ein Team.*"

Noura aus Riad: *"Kleine Gesten der Dankbarkeit haben meine Familie überrascht. Jetzt machen sie dasselbe für mich, und unsere Beziehung ist stärker als je zuvor."*

Hassan aus Casablanca: *"Durch die Prinzipien in diesem Buch konnte ich meinen Kollegen zeigen, dass ich ein echter Gentleman bin. Mein Chef hat mich sogar als Vorbild für neue Mitarbeiter vorgestellt."*

Du bist nur einen Schritt davon entfernt, deine Beziehungen und dein Leben zu verändern.

Bereits nach wenigen Wochen wirst du die Veränderungen in deinen Beziehungen und deinem beruflichen Umfeld deutlich spüren. Die Prinzipien des Gentleman-Seins sind nicht nur im privaten Leben von unschätzbarem Wert, sondern auch in deinem beruflichen Erfolg und deiner persönlichen Entwicklung.

Warte nicht länger – beginne heute, die Veränderung zu erleben, die du dir wünschst. Diese Übungen sind einfach umzusetzen und haben sofortige positive Auswirkungen. Mach den ersten Schritt, und du wirst erstaunt sein, wie viel stärker und erfüllter deine Beziehungen werden. Du wirst als respektierter Mann oder Frau in deiner Familie und in der Gesellschaft glänzen!

Verpasse nicht die Chance, die Veränderung zu erleben, die du dir wünschst. Beginne noch heute, und du wirst feststellen, wie deine Beziehungen und dein Leben aufblühen!

Reflexions-Checkliste: So wirst du im Alltag ein arabischer Gentleman

Entdecke, wie du als arabischer Gentleman mehr Respekt, Ansehen und Erfolg in deinem Leben erlangen kannst – von der Familie bis zum beruflichen Umfeld. Mit dieser praktischen Reflexions-Checkliste wirst du zum wahren Gentleman, der nicht nur mit Stil und Charme glänzt, sondern auch Werte wie Respekt, Höflichkeit und Verantwortung in seinem Alltag lebt. Keine Theorie, nur umsetzbare Tipps und klare Empfehlungen, die dir sofort den Weg zu mehr Erfolg und persönlicher Entwicklung zeigen.

1. Achtsamkeit im Alltag:

- Hast du heute in einem Gespräch aktiv zugehört?
- Zeigst du Interesse und Respekt für die Meinung anderer?
- Gibst du deinem Umfeld Raum, sich zu entfalten?

2. Wertschätzung und Höflichkeit:

- Hast du deinem Partner oder Kollegen heute ein Kompliment gemacht?
- Hast du Türen für andere geöffnet oder kleine Gesten der Höflichkeit gezeigt?
- Hast du Dankbarkeit für etwas im Alltag ausgedrückt?

3. Selbstbewusstsein und Authentizität:

- Bist du heute in jeder Situation du selbst geblieben?
- Hast du deine Werte klar vertreten, ohne dich anzupassen?
- Hast du dich um deine körperliche und geistige Gesundheit gekümmert?

4. Kommunikation mit Respekt:

- Hast du Konflikte konstruktiv angesprochen?
- Bist du in Gesprächen ruhig und überlegt geblieben?
- Hast du andere zu Wort kommen lassen und ihre Ansichten respektiert?

5. Stil und Präsentation:

- Hast du heute bewusst auf dein äußeres Erscheinungsbild geachtet?

- Trägst du Kleidung, die zu deiner Persönlichkeit und dem Anlass passt?
- Hast du dich für deine eigene Pflege und Hygiene Zeit genommen?

6. Empathie und Fürsorge:

- Hast du jemanden heute aufmunternd unterstützt?
- Hast du deinen Mitmenschen geholfen, ohne etwas zurückzuerwarten?
- Zeigst du Interesse an den Gefühlen und Bedürfnissen anderer?

7. Verantwortung übernehmen:

- Hast du heute Verantwortung für deine Handlungen und Entscheidungen übernommen?
- Bist du stolz auf das, was du erreicht hast, und bereit, aus Fehlern zu lernen?
- Hast du Aufgaben und Verpflichtungen zuverlässig erledigt?

8. Zeitmanagement und Effizienz:

- Hast du deinen Tag organisiert, um produktiv und fokussiert zu bleiben?

- Bist du in der Lage, deine Zeit effektiv für persönliche und berufliche Ziele zu nutzen?
- Hast du dir Zeit für Entspannung und Reflexion genommen?

Fares aus Amman: „Durch das Umsetzen der Prinzipien aus diesem Buch hat sich meine Beziehung zu meiner Familie komplett verändert. Ich habe gelernt, in schwierigen Momenten ruhig zu bleiben und Verantwortung zu übernehmen – und jetzt bin ich der erste Ansprechpartner in meiner Familie, wenn es um wichtige Entscheidungen geht."

Rana aus Beirut: „Die Reflexions-Checkliste hat mir geholfen, als Kollegin viel respektierter zu werden. Ich achte viel mehr auf meine Kommunikation und habe angefangen, mich bewusst um meine Mitmenschen zu kümmern. Das hat nicht nur meine beruflichen Beziehungen verbessert, sondern auch mein Selbstbewusstsein gestärkt."

Jetzt ist es an der Zeit, aktiv zu werden.

Nutze diese Reflexions-Checkliste täglich, um deine Fortschritte als arabischer Gentleman zu messen und dich kontinuierlich weiterzuentwickeln. Es sind die kleinen Dinge, die große Veränderungen bewirken.

Beginne noch heute, deine Reise als arabischer Gentleman zu starten – und sieh, wie sich dein Leben und deine Beziehungen verändern.

SELBST-TEST

Wie viel arabischer Gentleman steckt in dir?

Du möchtest respektiert und bewundert werden – sowohl in der Familie als auch im Beruf. Du willst als arabischer Gentleman glänzen, der nicht nur durch Äußeres, sondern vor allem durch innere Werte überzeugt. Dieser Test hilft dir dabei, diesen Wunsch zu erfüllen und den arabischen Gentleman in dir zu entfalten. Es ist ein einzigartiges Werkzeug, das dir klare, direkte Empfehlungen gibt und dich dabei unterstützt, deine Werte in deinem täglichen Leben zu leben – ohne unnötige Theorie, sondern präzise und effektiv.

Nimm zum Beispiel **Ahmed**, einen erfolgreichen Geschäftsmann aus Dubai. Er integrierte die Prinzipien des arabischen Gentlemans in sein Leben und bemerkte, wie sich nicht nur seine Beziehungen zu Kollegen und Freunden verbesserten, sondern auch sein Ansehen in der Gesellschaft wuchs. „Ich habe gelernt, meinen Erfolg nicht nur durch das, was ich tue, sondern auch durch das, wie ich mit anderen umgehe, zu messen. Die Prinzipien des Gentlemans haben meine Karriere und mein Privatleben völlig verändert", sagt er heute stolz.

Beantworte die folgenden 10 Fragen ehrlich und gib dir selbst eine Punktzahl von 1 bis 5 (1 = trifft überhaupt nicht zu, 5 = trifft vollkommen zu).

Für deine Beziehung:

1. Zeigst du deiner Partnerin regelmäßig Wertschätzung, sowohl in Worten als auch in Taten?
   - 1: Ich nehme sie oft als selbstverständlich hin.
   - 5: Ich erinnere sie oft an ihre Bedeutung für mich und zeige es in kleinen Gesten.
2. Wie gut hörst du auf die Bedürfnisse und Wünsche deiner Partnerin?
   - 1: Ich höre meistens nicht zu oder ignoriere es.
   - 5: Ich höre aufmerksam zu und handle entsprechend.
3. Wie achtest du darauf, Konflikte respektvoll zu lösen?
   - 1: Ich ignoriere Konflikte oder eskaliere sie.
   - 5: Ich versuche, Konflikte ruhig und respektvoll zu lösen.
4. Überraschst du deine Partnerin mit kleinen, aufmerksamen Gesten?
   - 1: Ich tue selten etwas Unerwartetes für sie.

- 5: Ich überrasche sie oft mit kleinen Dingen, die zeigen, dass ich an sie denke.

5. Wie häufig bedankst du dich bei deiner Partnerin für ihre Unterstützung oder Aufmerksamkeit?
   - 1: Ich nehme ihre Bemühungen oft als selbstverständlich.
   - 5: Ich danke ihr regelmäßig und aufrichtig.

AUSWERTUNG für den Partner-Test:

50-40 Punkte: Du bist ein wahrer Gentleman in der Beziehung! Du achtest auf deine Partnerin und zeigst viel Respekt und Wertschätzung.

39-30 Punkte: Du bist auf dem richtigen Weg, aber es gibt noch Potenzial für mehr Aufmerksamkeit und Fürsorge.

29-20 Punkte: Du könntest in der Beziehung aufmerksamer und respektvoller sein.

Unter 20 Punkten: Es gibt viel Arbeit zu tun – überdenke deine Prioritäten in der Beziehung.

Für deinen Beruf:

1. Wie gut kannst du Verantwortung übernehmen, auch in schwierigen Situationen?
   - 1: Ich vermeide Verantwortung oder gebe sie ab.

- 5: Ich nehme Verantwortung an und handle entschlossen.
2. Wie empathisch bist du gegenüber deinen Kollegen oder Mitarbeitern?
- 1: Ich kümmere mich kaum um ihre Bedürfnisse.
- 5: Ich höre zu, zeige Verständnis und gehe auf ihre Anliegen ein.
3. Verstehst du es, andere zu motivieren und zu inspirieren?
- 1: Ich konzentriere mich mehr auf mich selbst.
- 5: Ich inspiriere andere, um Höchstleistungen zu erbringen.
4. Bist du zuverlässig und hältst deine Versprechen im Job?
- 1: Ich lasse oft Dinge liegen oder verspreche zu viel.
- 5: Ich halte mich an meine Verpflichtungen und versuche immer, mein Bestes zu geben.
5. Wie gut kannst du in stressigen Situationen einen klaren Kopf bewahren?
- 1: Ich verliere schnell die Ruhe und lasse mich stressen.
- 5: Ich bleibe ruhig und lösungsorientiert, auch unter Druck.

AUSWERTUNG für den Beruf-Test:

50-40 Punkte: Du bist ein wahrer Profi im Beruf! Du übernimmst Verantwortung und bleibst ruhig.

39-30 Punkte: Du bist auf einem guten Weg, könntest aber noch an einigen Aspekten arbeiten, besonders in der Kommunikation.

29-20 Punkte: Du solltest dich stärker auf deine beruflichen Beziehungen und deine Fähigkeit zur Problemlösung konzentrieren.

Unter 20 Punkten: Du hast viel Potenzial, um deine beruflichen Fähigkeiten zu verbessern.

Dieser Selbsttest hilft dir, sowohl im privaten als auch im beruflichen Bereich den Gentleman in dir zu entdecken und gezielt zu fördern. Setze dir kleine, erreichbare Ziele, um dich weiterzuentwickeln und ein respektierter und begehrter Partner sowie ein erfolgreicher Berufsmensch zu werden!

Starte jetzt deinen Weg als arabischer Gentleman und sieh, wie sich dein Leben, deine Beziehungen und dein beruflicher Erfolg verändern! Dieser Test zeigt dir, wo du bereits stark bist und in welchen Bereichen du dich noch weiterentwickeln kannst, um in allen Bereichen deines Lebens zu glänzen.

Die Geheimnisse des Erfolgs

Wie du von den größten arabischen Führern lernst

Du wirst durch die Prinzipien großer arabischer Persönlichkeiten wie **Sheikh Zayed, Mohammed bin Rashid** und **Prinz Alwaleed** nicht nur in der modernen Welt erfolgreich, sondern bewahrst du dabei deine **innere Eleganz** und **authentische Werte**. Du wirst entdecken, wie du deine eigenen Stärken entwickelst und mit einer klaren Vision und Entschlossenheit das Leben führst, das du dir wünschst.

1. Sheikh Zayed bin Sultan Al Nahyan, VAE (6. 05. 1918 – 2. 11.2004)

Gründer und erster Präsident der Vereinigten Arabischen Emirate, Emir von Abu Dhabi

Sheikh Zayed war der erste Präsident der Vereinigten Arabischen Emirate (VAE) und der Emir von Abu Dhabi. Er wird als einer der größten arabischen Führer des 20. Jahrhunderts angesehen. Sheikh Zayed spielte eine entscheidende Rolle in der Gründung der VAE 1971, indem er die sieben Emirate vereinte. Unter seiner Führung erlebte das Land einen enormen wirtschaftlichen Aufschwung, der vor allem durch die Entdeckung von Öl und dessen nachhaltiger Nutzung für

Infrastrukturprojekte und die Verbesserung der Lebensbedingungen der Bevölkerung gefördert wurde. Trotz seines Reichtums und Einflusses blieb er ein Symbol für Bescheidenheit und Wohltätigkeit und setzte sich dafür ein, die Gesellschaft mit Gesundheitsversorgung, Bildung und sozialen Programmen zu stärken.

Lektion: Sheikh Zayed war ein visionärer Führer, der an den langfristigen Erfolg seines Landes glaubte und stets positive Veränderungen förderte.

„Der wahre Erfolg kommt nicht von dem, was du erwirbst, sondern von dem, was du gibst."

Reflexion: „Wie kannst du die Werte von Sheikh Zayed heute in deinem Leben anwenden? Denke darüber nach, wie du in deinem persönlichen und beruflichen Umfeld positive Veränderungen anstoßen kannst. Wo kannst du deine Vision für eine bessere Zukunft umsetzen?"

Überlege dir eine konkrete Veränderung, die du in den nächsten Tagen in deinem Leben vornehmen kannst, um einen positiven Einfluss auf deine Umgebung zu haben. Vielleicht ist es ein Projekt bei der Arbeit, ein Angebot für deine Familie oder eine neue Initiative in deiner Gemeinschaft.

Ahmed, 34 Jahre, Unternehmer aus Dubai

„Als ich beschloss, mehr in meine Gemeinschaft zu investieren und soziale Projekte zu starten, erinnerte ich mich an Sheikh Zayeds Prinzip, den Erfolg durch Geben zu definieren. Heute leite ich ein gemeinnütziges Unternehmen, das Bildung für benachteiligte Kinder fördert. Ich habe festgestellt, dass wahre Erfüllung nicht aus dem Geld kommt, das du verdienst, sondern aus dem Einfluss, den du für andere hast."

2. Khalifa bin Zayed Al Nahyan, VAE (7.09.1948 – 13. 05. 2022)

Zweiter Präsident der Vereinigten Arabischen Emirate, Emir von Abu Dhabi.

Khalifa bin Zayed war der zweite Präsident der VAE und Emir von Abu Dhabi. Er trat sein Amt im Jahr 2004 nach dem Tod seines Vaters, Sheikh Zayed, an. Khalifa setzte die Vision seines Vaters fort und konzentrierte sich besonders auf die Förderung von Bildung, Gesundheitswesen und nachhaltiger Entwicklung. Unter seiner Führung erlebten die VAE eine weitergehende Modernisierung und Expansion, sowohl im wirtschaftlichen als auch im infrastrukturellen Bereich. Khalifa war bekannt für seine Initiativen im Bereich der erneuerbaren Energien und für die Unterstützung internationaler Hilfsprojekte.

Lektion: Khalifa setzte auf nachhaltige Entwicklung und technologischen Fortschritt.

„Große Taten entstehen nicht durch Zufall, sondern durch Vision und beständige Arbeit."

Reflexion: „Was kannst du in deinem Umfeld tun, um Innovation zu fördern? Denke an eine Gelegenheit, bei der du eine neue Idee oder Lösung in deinem Arbeitsumfeld einbringen könntest, um etwas dauerhaft Positives zu schaffen."

Identifiziere einen Bereich in deinem Leben, sei es beruflich oder persönlich, indem du Innovation anregen kannst. Setze dir das Ziel, eine neue Idee oder Methode innerhalb der nächsten Woche umzusetzen.

Fatima, 29 Jahre, Ingenieurin aus Abu Dhabi

„Ich war immer davon überzeugt, dass nachhaltige Lösungen der Schlüssel zum Erfolg sind, aber erst als ich Khalifa bin Zayeds Vision der langfristigen Entwicklung studierte, verstand ich, wie wichtig es ist, alles, was man tut, mit einer klaren Zukunftsperspektive zu verbinden. Heute arbeite ich

an Projekten, die nicht nur technisch fortschrittlich sind, sondern auch umweltfreundlich und nachhaltig."

3. Prinz Alwaleed bin Talal, Saudi, Arabien (7. 03. 1955)

Saudi-arabischer Prinz, Unternehmer und Investor

Prinz Alwaleed bin Talal ist ein saudischer Prinz, Unternehmer und einer der reichsten Menschen der Welt. Als Enkel von König Abdulaziz, dem Gründer von Saudi-Arabien, erbte er nicht nur den Titel, sondern baute auch ein riesiges Unternehmensimperium auf. Alwaleed ist der Gründer von **Kingdom Holding Company**, die bedeutende Investitionen in weltweit bekannte Unternehmen wie Apple, Citigroup und Twitter umfasst. Er ist ein prominenter Befürworter von sozialer Verantwortung und ethischem Unternehmertum und hat sich wiederholt für eine politische und wirtschaftliche Öffnung des saudischen Königreichs eingesetzt. Prinz Alwaleed ist auch für seine Wohltätigkeitsarbeit bekannt und hat Millionen von Dollar für verschiedene globale Zwecke gespendet.

Lektion: Prinz Alwaleed betonte ethisches Unternehmertum und soziale Verantwortung.

„Wahrer Reichtum liegt nicht in Gold und Silber, sondern in der Fähigkeit, mit Integrität und Verantwortung zu führen."

Reflexion: „Wie kannst du in deinem Leben Chancen erkennen und gleichzeitig sicherstellen, dass du mit Integrität handelst? Welche Werte möchtest du in deinem beruflichen Erfolg bewahren?"

Denke darüber nach, wie du bei der nächsten Entscheidung in deinem Berufsleben ethisch vorgehen kannst. Wirst du Kompromisse eingehen oder deinen Werten treu bleiben? Überlege, wie du ein langfristig positives Geschäftsumfeld schaffen kannst.

Khaled, 41 Jahre, CEO aus Riad

„Als ich begann, mein Unternehmen auf ethische Weise zu führen, erinnerten mich die Prinzipien von Prinz Alwaleed daran, dass wahre Größe nicht nur im finanziellen Gewinn liegt, sondern in der Verantwortung, die wir als Führungskräfte übernehmen. Heute integrieren wir in unserem Unternehmen soziale Verantwortung in jedes Geschäftsmodell, und der Erfolg ist gewaltig."

4. Omar Mukhtar, Libyen (20. 08. 1858 – 16. 09.1931)

Nationalheld und Widerstandskämpfer (kein König oder Prinz, sondern ein militärischer Führer und Freiheitskämpfer).

Omar Mukhtar, bekannt als "Der Löwe der Wüste", war ein libyscher Freiheitskämpfer und Führer des Widerstands gegen die italienische Kolonialherrschaft in Libyen. Er kämpfte von 1911 bis zu seiner Gefangennahme 1931 gegen die italienischen Truppen. Mukhtar wurde zu einer nationalen Ikone des libyschen Widerstands und ist bis heute ein Symbol für Mut und Entschlossenheit. Nachdem er 1931 von den Italienern gefangen genommen und später hingerichtet wurde, bleibt sein Erbe im Kampf für Freiheit und Unabhängigkeit unvergessen. Mukhtar ist als einer der bedeutendsten arabischen Freiheitskämpfer der Geschichte anerkannt.

Lektion: Omar Mukhtar war ein Symbol für Entschlossenheit und den Widerstand gegen Unterdrückung.

„Die wahre Stärke eines Menschen zeigt sich nicht in den ruhigen Zeiten, sondern in der Entschlossenheit, selbst in der Dunkelheit zu kämpfen."

Reflexion: „Omar Mukhtar stand inmitten des Kampfes für Freiheit. In seinen dunkelsten Stunden hielt er an seiner Vision fest – das ist wahre Stärke. Wie kannst du in deinem Leben ähnliche Entschlossenheit entwickeln, auch wenn die Herausforderungen überwältigend erscheinen?"

Wenn du auf ein Problem stößt, das dir unüberwindbar erscheint, erinnere dich an Omar Mukhtar und seine Entschlossenheit. Mache den ersten Schritt, um eine Lösung zu finden, und lasse dich nicht von Rückschlägen entmutigen.

Zahra, 38 Jahre, Aktivistin aus Libyen

„In meiner Arbeit für Frauenrechte in Libyen stieß ich auf viele Hindernisse. Aber als ich an Omar Mukhtar und seinen Kampf für die Freiheit dachte, fand ich die Kraft, mich nicht unterkriegen zu lassen. Heute führe ich eine erfolgreiche Kampagne, die vielen Frauen geholfen hat, ihre Stimme zu finden."

5. Mohammed bin Rashid Al Maktoum, VAE (15.07.1949)

Vizepräsident und Premierminister der Vereinigten Arabischen Emirate, Emir von Dubai.

Mohammed bin Rashid ist der Vizepräsident und Premierminister der VAE sowie der Emir von Dubai. Unter seiner Führung hat sich Dubai von einer kleinen Handelsstadt zu einer der wichtigsten globalen Metropolen entwickelt. Er hat das Konzept von "Dubai als globales Handels-, Tourismus- und Finanzzentrum" vorangetrieben und zahlreiche ikonische

Projekte wie den Burj Khalifa, die Palm Jumeirah und den Dubai International Airport initiiert. Mohammed bin Rashid ist auch für seine Visionen in Bezug auf Kultur, Bildung und Innovation bekannt. Er ist ein großer Befürworter von Technologie und nachhaltigem Wachstum. Zudem hat er viele Initiativen zur Förderung der arabischen Kultur und Wissenschaft ins Leben gerufen.

Lektion: Mohammed bin Rashid hat Dubai zu einer Weltmetropole gemacht, indem er stets an Innovation und Vision glaubte.

„Der Weg zum Erfolg ist nie gerade. Er ist voller Kurven und Hindernisse, aber nur wer unbeirrt weitergeht, wird das Ziel erreichen."

Reflexion: „Welche großen Träume hast du für deine Zukunft? Wie kannst du deine Vision in konkrete Schritte umsetzen, um dein Leben und dein Umfeld zu verändern?"

Setze dir ein großes Ziel für die nächsten sechs Monate und unterteile es in kleinere, erreichbare Schritte. Beginne mit dem ersten Schritt heute und plane regelmäßig, wie du weiter Fortschritte machen kannst.

Sara, 32 Jahre, Unternehmerin aus Dubai

„Ich begann mit einer Vision, aber der Weg war alles andere als einfach. Doch als ich Mohammed bin Rashids Ansatz der Vision und der Hartnäckigkeit verstand, wusste ich, dass jeder Rückschlag eine Gelegenheit ist, zu wachsen. Heute führe ich ein florierendes Unternehmen und träume noch größer."

6. Yasser Arafat, Palästina *(24. 08. 1929 –11. 11.2004)*

Präsident der Palästinensischen Autonomiebehörde, Vorsitzender der Palästinensische Befreiungsorganisation.

Yasser Arafat war der langjährige Vorsitzende der **Palästinensischen Befreiungsorganisation (PLO)** und Präsident der **Palästinensischen Autonomiebehörde**. Arafat spielte eine zentrale Rolle im palästinensischen Widerstand gegen Israel und kämpfte sein Leben lang für die Schaffung eines unabhängigen Palästinenserstaates. Er wurde 1994 mit dem **Friedensnobelpreis** ausgezeichnet, nachdem er die Oslo-Abkommen unterzeichnet hatte, die eine Grundlage für Friedensgespräche zwischen Palästinensern und Israelis bildeten. Arafat bleibt eine umstrittene Figur: Für die einen ein Held des palästinensischen Widerstands, für die anderen ein Symbol des ungelösten Konflikts. Sein Tod 2004 brachte das

Ende einer Ära für die Palästinenser und die Palästinensische Befreiungsorganisation.

Lektion: Yasser Arafat kämpfte sein Leben lang für die Freiheit seines Volkes und hielt an seiner Vision fest, egal wie schwierig der Weg war.

> *„Freiheit ist der höchste Wert. Wer für sie kämpft, kennt weder Angst noch Erschöpfung."*

Reflexion: „Was ist deine Vision für deine Zukunft, und wie kannst du auch in schwierigen Zeiten an deinen Prinzipien und Zielen festhalten?"

Wenn du vor einer Herausforderung stehst, frage dich, was deine tiefsten Werte sind und wie du diese Werte nutzen kannst, um weiter voranzukommen. Denke darüber nach, wie du in deinem Umfeld, sei es zu Hause oder bei der Arbeit, für das einstehen kannst, was du für richtig hältst.

Samir, 45 Jahre, Politischer Aktivist aus Palästina

„In der Arbeit für die Freiheit meines Volkes stieß ich immer wieder auf Widerstand. Doch der Glaube an Arafats Prinzipien, niemals aufzugeben und für das zu kämpfen, was richtig ist, hat mich immer wieder motiviert. Heute führe ich eine

erfolgreiche Organisation, die den Palästinensern weltweit hilft."

Dieses Buch bietet dir wertvolle Einblicke in die Prinzipien großer arabischer Persönlichkeiten, die den Weg zu wahrem Erfolg und nachhaltiger Eleganz geebnet haben. Es geht nicht nur darum, wie du in der modernen Welt erfolgreich wirst, sondern auch darum, wie du deine **inneren Werte** wahrst und in jedem Bereich deines Lebens führst. Du wirst verstehen, dass wahre Größe nicht nur aus beruflichem Erfolg resultiert, sondern aus der Fähigkeit, in allen Bereichen des Lebens mit Integrität, Vision und Verantwortungsbewusstsein zu handeln.

Beginne noch heute, die Prinzipien und Weisheiten dieser großen Persönlichkeiten in deinem Leben zu integrieren. Setze dir konkrete Ziele, entwickle eine Vision und sei bereit, Verantwortung zu übernehmen. Das Leben eines arabischen Gentlemans, der Eleganz und Erfolg meistert, beginnt mit den ersten Schritten – und diese kannst du heute schon gehen!

www.ingramcontent.com/pod-product-compliance
Lightning Source LLC
Chambersburg PA
CBHW052139220526
45471CB00004B/1447